Une commune bretonne dans la Grande Guerre

Les poilus, marins et aviateurs de Guipavas racontent

Michel Boucher, Paolig Combot,
Jean-Claude Émeillat, Pierre Jouvelin, Miliau Kermarrec,
Daniel Léal, Jean-René Le Quéau

Ce livre a été réalisé à l'initiative de l'AGIP (Association Guipavas Identité Patrimoine) pour commémorer l'armistice de 1918.

Avec le concours de l'AGIP et de la mairie de Guipavas

Skol Vreizh

Sommaire

Remerciements à

- **Fabrice Jacob**, maire de Guipavas - **Isabelle Guérin**, première adjointe au maire de Guipavas - **Frédéric Alix, Élodie Camblan**, service com. mairie de Guipavas - **Mme le Gall-Sanquer**, présidente de Dourdon - **Jean-René Poulmarc'h**, MDK - **Jean Armand Petit** - **Gérard Prigent**, Horizon-photo - **Sébastien Ficot**, principal collège du Vizac - **Eric Dumesnil**, directeur collège Saint-Charles - **Anne Uguen et Yveline Fouquet**, directrice et animatrice de l'EHPAD - AGIP : **Padrig Jacolot, Gildas Le Naour, Patrick Salou, Stéphane Guézennec, Mégane Hollard, Jean-Pierre Diraison, Yvon Jaouen.**

À la mémoire de Claude Hénaff, membre de l'équipe, qui nous a quittés prématurément.

Cartographie :
Daniel Léal, Laurent Goulhen, Skol Vreizh
Participation à la documentation et mise en page : J-L Cloarec

* La Grande Guerre est appelée ainsi depuis 1915. Autres appellations : la Guerre de 14 (*Brezel pevarzeg*) pour les anciens ; la Guerre 14-18 et enfin la Première Guerre mondiale.

Hommage aux poilus de Guipavas

Le centenaire de l'année 1918 nous oblige à nous souvenir, à rendre hommage à nos morts, victimes de l'atroce réalité de la Grande Guerre : les combattants de toutes armes, les prisonniers, les mutilés pour leur courage, leur esprit de sacrifice et leur sens du devoir.

Le monde connaissant encore aujourd'hui des situations de guerre, de violence et de haine, il importe que chacun se souvienne et que les aînés transmettent aux plus jeunes l'importance d'œuvrer pour un monde de fraternité et de paix.

L'AGIP (Association Guipavas Identité Patrimoine) a réalisé un travail méticuleux de recherches pour présenter dans ce livre la guerre de 1914-1918 vue de Guipavas, au travers notamment de témoignages de Guipavasiens.

Puisse ce bel ouvrage vous aider à mieux connaître l'histoire de notre ville et à réaliser combien la guerre est destructrice !

Merci aux membres de l'AGIP qui assurent, par leurs actions, le devoir de mémoire de notre ville.

Fabrice Jacob, maire de Guipavas.

Le bourg de Guipavas au début du XXe siècle.
Coll. part.

Composition de François Flameng (1915), peintre aux armées, maître de l'éclectisme, en hommage“ aux héros français, inconnus et sans gloire”. Coll. Skol Vreizh.

Charlez Péguy
(1873-1914).
Coll. part.

Charles Péguy (tué le 5 septembre 1914 à la bataille de la Marne) écrivait : « Des lettres de Victor Hugo, il y en a plein la chambre. Nous en avons par-dessus la tête [...]. Il y en a plein les bibliothèques [...]. On nous en publie encore tous les jours. Et quand il n'y en aura plus, on en publiera encore [...]. Mais ce que nous voulons avoir [...], c'est précisément les lettres de gens qui ne sont pas Victor Hugo [...]. Ce que nous voulons savoir, c'est ce qu'il y avait derrière, ce qu'il y avait dessous, comment était fait ce peuple de France... »

Ainsi, Péguy mettait en valeur l'importance du témoignage des gens ordinaires, représentatifs d'un milieu, d'une société, à un moment de l'Histoire. En ce sens, le petit ouvrage qui suit apporte sa contribution à la connaissance de la Grande Guerre. Il ne s'agit pas d'un ouvrage d'histoire classique : il ne décrira pas les principales batailles, les décisions prises par les empereurs, les rois ou les chefs d'Etat, les maréchaux ou les généraux ; par contre, il donnera le témoignage d'hommes et de femmes du peuple ainsi que des extraits de lettres envoyées depuis le « théâtre des opérations » par des soldats et des marins qui racontent les horreurs de la guerre, mais aussi les détails de leur vie quotidienne.

Ces témoins et acteurs sont presque tous des paysans, des ouvriers, des marins de Guipavas : ils y sont nés ou ils y ont des attaches. Ce sont des femmes qui essaient de mettre en valeur la ferme familiale, avec l'aide de quelques adolescents et de quelques vieillards, ce sont des fantassins, des artilleurs, des matelots, mais aussi quelques officiers, un médecin militaire ainsi qu'un aviateur.

Qui plus est, une partie de ces lettres a été écrite en breton, à l'époque langue vernaculaire de la plupart des Guipavasiens, à l'incitation d'Eucher Corre, vicaire de Guipavas, un abbé démocrate, dans la lignée du *Sillon* de Marc Sangnier. C'est lui qui, depuis 1912, anime le *Kannad Guipavas* (le bulletin paroissial) et qui, dans *La Voix du Pays*, envoie régulièrement des nouvelles aux soldats et marins éloignés de leur famille ; c'est aussi lui qui recueille les lettres envoyées par ceux-ci à leur famille.

Ces lettres ont été lues, analysées et traduites par une petite équipe de bretonnants, animée par Michel Boucher, un passionné

Couverture du *Kannad Guipavas*, créé par Eucher Corre en 1912, "imprimé le 1er dimanche du mois". Le mot *kannad* désigne en breton le message, le courrier, ainsi que le député. Coll. mairie de Guipavas.

d'histoire locale qui, depuis des décennies, interroge les anciens et collecte tous les documents possibles sur l'histoire de sa commune. De là cet ouvrage, qui s'inscrit dans le cadre de la célébration du centième anniversaire de l'armistice du 11-Novembre 1918 ; il accompagne d'autres manifestations, notamment une représentation théâtrale intitulée *Paroles de poilus*, par le Strollad ar Vro Bagan de Goulc'han Kervella, qui sera aussi l'occasion d'une rencontre entre enfants de poilus (nés dans les années 30) et collégiens du Vizac et de Saint-Charles : une façon de rendre hommage aux soldats et marins de Guipavas (environ 800 mobilisés, 203 tués) en leur donnant la parole, de montrer que cette guerre n'est pas si éloignée que le croient les jeunes, mais aussi de réfléchir au fait que les sacrifices consentis par les acteurs d'une guerre qui devait être « *la der des der* » n'ont pas servi de leçon. Un lien entre les générations, ainsi qu'une contribution à la connaissance de l'histoire de Guipavas qui, en dehors de ses spécificités, est emblématique de celle de la Bretagne, mais également du reste de la France et même de l'Europe en guerre.

Paolig Combot, président d'Ar Falz / Skol Vreizh

Chronologie de la Grande Guerre

- 1914 : l'Europe, centre du monde ? Une domination économique, financière, technique, culturelle et impériale.
- Les rivalités européennes sont vives : coloniales (franco-allemande au Maroc), économiques (germano-britanniques en Turquie)...
- La montée des nationalismes : pangermanisme allemand, panslavisme russe, poudrière balkanique...
- Ressentiments en France à l'encontre de l'Allemagne : perte de l'Alsace et de la Moselle en 1870 ; rivalité au Maroc ; patriotisme cocardier.
- 1914 (28 juin) : attentat de Sarajevo, le prince héritier d'Autriche-Hongrie, François-Ferdinand, est assasiné par un nationaliste serbe ; c'est l'événement qui déclenche l'engrenage des alliances aboutissant à un conflit mondial.
- 1914 (31 juillet) : Jean Jaurès, leader socialiste pacifiste, est assasiné par un nationaliste extrémiste.
- 1914 (3 août) : l'Allemagne déclare la guerre à la France ; en réaction, une Union sacrée permet la formation d'un nouveau gouvernement.
- 1914 (6 août) : les armées allemandes pénètrent en Belgique (pays neutre) ; sévères défaites françaises à Mons et Charleroi où sont engagés des régiments bretons, qui subissent de très lourdes pertes. Retraite des troupes françaises qui échappent à une manœuvre d'enveloppement.
- 1914 (6-9 septembre) : alors que Paris est menacée, contre-attaque victorieuse française (Joffre, Gallieni) sur la Marne.
- 1914 (septembre-octobre) : « course à la mer », les adversaires (Français et Britanniques pour l'Entente), Allemands (pour les Empires centraux) tentent vainement de se déborder mutuellement. Les armées s'enterrent dans les tranchées, c'est le début d'une guerre de position et d'usure.
- 1914 (novembre) : entrée en guerre de l'Empire ottoman aux côtés des Empires centraux.
- 1915 : succès des Allemands et des Austro-Hongrois en Pologne contre l'Empire russe.
- 1915 (mai) : entrée en guerre de l'Italie aux côtés de l'Entente.
- 1915 : sur le front occidental, offensives françaises en Champagne (349 000 tués, une moyenne mensuelle de 29 000 !) sans gains territoriaux significatifs.
- 1915-1916 (18 mai-9 janvier) : échec de l'expédition franco-britannique dans les Dardanelles (péninsule de Gallipoli) contre les Ottomans.
- 1916 : attaques de l'Entente précédées de bombardements massifs sur la Somme, au prix de pertes considérables pour les Britanniques et les Français.
- 1916 (21 février-19 décembre 1916) : bataille de Verdun, symbole de la résistance française. Une victoire au

Les belligérants

L'Entente : France, Royaume Uni, Empire russe, Belgique puis Italie en 1915, les États-Unis d'Amérique en 1917 ; autres alliés : Serbie, Roumanie, Portugal...

La Triple Alliance ou Empires centraux : Empire d'Allemagne, Empire austro-hongrois, Empire ottoman ; autre allié : Bulgarie.

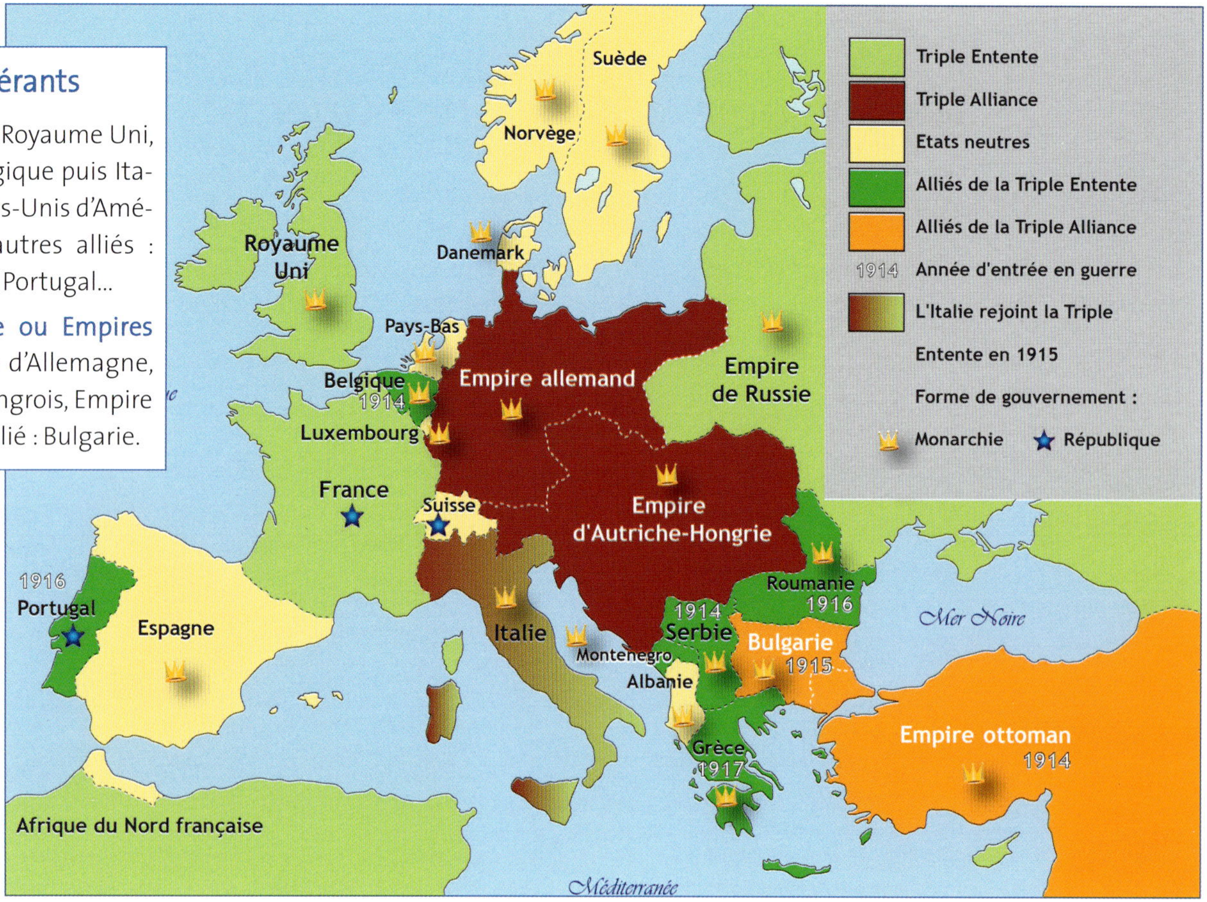

Carte : Laurent Goulhen.

prix d'effroyables carnages (362 000 victimes françaises, 337 000 allemandes) qui ébranlent la confiance de la population civile, des soldats mobilisés et même des notables.

- 1917 (avril-mai) : échec de l'offensive meurtrière de Nivelle au Chemin des Dames.
- 1917 (mai-juin) : premières mutineries (Chemin des Dames, Champagne) suscitées, non par la propagande pacifiste mais expression d'une lassitude physique et morale des combattants. Agitation sociale en France ; en septembre, les socialistes rompent l'Union sacrée, Georges Clemenceau dirige désormais le gouvernement.
- 1917 (à partir de janvier) : guerre sous-marine contre les convois qui ravitaillent l'Entente en raison des échecs allemands sur le front occidental. C'est une des causes de l'entrée en guerre des Etats-Unis d'Amé-

rique, qui ne seront opérationnels qu'en mars 1918.

- 1917 (mars) : en Russie, le régime impérial s'effondre, un gouvernement provisoire modéré issu de la Révolution de février poursuit la guerre mais ne parvient pas à contenir les Empires centraux.
- 1917 (24 octobre-9 novembre) : désastre italien à Caporetto face aux Austro-Allemands ; intervention des alliés franco-britanniques.
- 1917 (novembre) : Révolution d'octobre. À la suite d'un coup d'État, les bolcheviks s'emparent du pouvoir et signent une paix séparée avec l'Allemagne (traité de Brest-Litovsk en mars 1918). Ayant désormais les mains libres à l'est, elle peut concentrer ses forces sur le front français avant l'arrivée des Américains.
- 1918 : Foch est nommé général en chef des troupes alliées. Les premières troupes américaines débarquent à Brest (en mai) et Saint-Nazaire.
- 1918 : offensives allemandes sur la Somme (21 mars), en Flandres (avril), au Chemin des Dames (27 mai) ; la Marne est atteinte. Des succès mais pas de victoire décisive.
- 1918 (juillet) : contre-offensive (prudente) de Foch qui, fort des renforts américains et de nouveaux armements (les chars), repousse les Allemands qui ne s'effondrent pas.
- 1918 (11 novembre) : l'armistice, signé à Rethondes près de Compiègne, met fin aux combats.
- Le Kaiser Guillaume II abdique alors que des troubles révolutionnaires éclatent et que la république est proclamée. Pour une partie de l'opinion allemande, l'armée a été trahie (« le coup de poignard dans le dos »).
- 1919 (juin) : la Conférence de la Paix de Paris, s'inspirant des 14 points de Wilson, président des États-Unis d'Amérique, impose aux vaincus des traités que ceux-ci jugent iniques, nourrissant les ressentiments et le désir de revanche.

La Guerre de 1914-1918, première guerre mondiale, est, pour beaucoup d'historiens, la matrice d'un XXe siècle particulièrement meurtrier. En effet, elle concerne la plus grande partie du monde occidental ainsi que les empires coloniaux d'une Europe qui dominait alors le monde et qui va y perdre son hégémonie au profit de la grande puissance émergeante, les Etats-Unis d'Amérique.

Bien que vainqueurs, la France, le Royaume-Uni, l'Italie sont durablement affaiblis par la dévastation de régions entières, la destruction de leur appareil productif, l'endettement, l'effondrement de leur monnaie et des pertes humaines effroyables (9,7 millions de militaires ; 8,9 millions de civils pour l'ensemble des belligérants).

La « brutalisation » de la société par une guerre totale provoque des traumatismes profonds et durables. En 1918, les régimes démocratiques et libéraux sont contestés par des forces politiques nouvelles : communisme, fascisme, nazisme, alors que les empires russe, austro-hongrois, allemand, ottoman s'effondrent, emportés par les défaites militaires et les révolutions (bolchevique à Saint-Petersbourg, spartakiste à Berlin, nationaliste à Vienne, Budapest, Prague et Istamboul).

Une civilisation qui se brise sur « *le choc brutal de la barbarie du XXe siècle* » (Michel Trebitsch).

1 - L'inexorable engrenage de la guerre

Eucher Corre, vicaire de Guipavas, écrivait, quelques jours avant le déclenchement des hostilités, dans le *Kannad Guipavas*, ces lignes prémonitoires :

Au moment où j'écris ceci, mercredi matin, il n'est question entre les gens que de la guerre qui est sur le point d'éclater, non seulement entre l'Autriche et la Serbie, mais peut-être entre la plupart des nations européennes. Depuis 4 jours, la nouvelle nous est parvenue que le feu va prendre dans l'étoupe et que les combats commenceront tout de suite. Les journaux ne parlent que de cela, tantôt disant qu'il faut avoir confiance, tantôt tenant des propos très pessimistes. Il est certain que le gouvernement craint fortement que la guerre n'éclate aujourd'hui ou demain : tous les marins et soldats qui étaient en permission ont dû quitter leur domicile le plus rapidement possible et regagner leurs casernes ou leurs navires ; on surveille aussi de très près les grands ponts de chemin de fer. Il est certain que seul Dieu sait ce qui va arriver ; peut-être fera-t-il en sorte d'éloigner de nous un événement aussi terrifiant ? Peut-être n'interviendra-t-il pas ?

Tous les gens sont terrifiés et angoissés, et quand ils pensent aux malheurs qui sont sur le point de nous tomber dessus, leur sang se glace et ils restent pétrifiés. Ceux qui sont le plus angoissés, me semble-t-il, sont les personnes âgées, qui ont connu la guerre de 70, et qui s'en souviennent, bien qu'elle ait eu lieu il y a 44 ans. C'est exactement comme les marins, qui ont vu des événements terrifiants, comme celui du Iéna* *ou du* Liberté*, *et qui tremblent encore quand ils pensent au tableau déchirant qui s'offrait à leurs yeux. Que de frayeurs et de tristesse cette guerre n'occasionna-t-elle pas !*

Le cuirassé *Iéna*, après la catastrophe du 12 mars 1907 (carte postale). Coll. part.

Subitement, les maisons furent vidées de leurs occupants : les vieux, les enfants, tous quittèrent leur maison ; les travaux des champs et les commerces cessèrent ; avec ça, la guerre à peine commencée, nos armées furent défaites par les Prussiens. Que Dieu veuille bien nous protéger d'un tel malheur ! Si cette guerre éclate entre, d'un côté la Serbie, la Russie, la France, l'Angleterre, et de l'autre l'Autriche, l'Allemagne et l'Italie, cela entraînera l'engagement d'environ 15 millions de soldats et l'Histoire n'aura jamais connu combat plus terrifiant. Que de morts, que de ruines, que de larmes ne verra-t-on pas ! Il faut reconnaître qu'un véritable ouragan de folie nous tombe dessus.

Témoignages de Marie Prigent, de Marie Loaëc et de Soisig Hily

Marie Prigent, de Kergompez, avait gardé un souvenir précis de ce 1er août 1914 : *« C'était un samedi, en début d'après-midi... Il faisait beau. Mes parents préparaient les outils pour aller couper le blé dans le park ar Forn. Mon oncle était venu nous aider à démarrer la récolte quand, soudain, le tocsin s'était mis à sonner au clocher de Guipavas. Mon oncle se tourna vers nous en s'exclamant en breton : "Kleier an tan !"* (les cloches du feu !)*. Mon père, le visage grave, lui répondit : "Non, c'est la déclaration de guerre !" Mon père et mon oncle laissèrent tomber leur faucille à blé ; le cœur serré, les deux hommes partirent à toutes jambes vers le bourg voir ce qui se passait. Mon père a été mobilisé. Ma mère pleurait et se demandait comment nous allions faire la moisson ! »* Cet instant était chargé d'une émotion si forte qu'il est resté gravé dans la mémoire de Marie, au point qu'elle ajoutait : *« C'est le premier souvenir de ma vie ! »*

Témoignage de Marie Loaëc, de Kerdilichant : *« Lorsque nous avions entendu le tocsin, mon père, Veïk, avait abandonné sa faucille sur le seuil de la maison et il était parti, d'un air tracassé, chez son voisin de Kerveuleugant avec, dans la main, son livret militaire qu'il avait retrouvé au fond d'un tiroir. Là, chez Le Roux, les hommes lisaient et relisaient avec angoisse cette phrase qui claquait comme un ordre : départ le premier jour de la guerre ! Puis j'avais été profondément peinée de voir ma mère pleurer sur l'aire à battre le blé. J'avais 8 ans. »*

Témoignage de Soisig Hily, de Kerdidrun : *« J'entends encore les cloches sonner le 1er août 1914. Les cloches de La Forest-Landerneau d'abord, puis celles de Kerhuon, Plougastel et Guipavas. Le soir, après la journée de travail, nous étions assis sur un banc devant la maison de Kerdidrun, face à l'Elorn ; ma mère nous avait expliqué que c'était la déclaration de guerre, que mon frère aîné Goulven, qui était mon parrain, allait être mobilisé et qu'il partirait à la guerre. »*

* *Iéna* : Ce cuirassé d'escadre, lancé en 1898, explosa à Toulon le 12 mars 1907 ; sur les 630 hommes, 118 furent tués, 37 blessés.

* *Liberté* : Cet autre cuirassé, armé en 1908, explosa lui aussi à Toulon, le 25 septembre 1911, avec ses 779 hommes d'équipage ; environ 200 marins furent tués, ainsi qu'une centaine d'hommes des navires les plus proches.

2 - Le déclenchement de la guerre

Le 1er août, la France donne l'ordre de mobilisation générale : 3,5 millions de Français âgés de 22 à 48 ans sont d'abord concernés. Le 2 août, avant même d'avoir déclaré la guerre à la France, l'Allemagne déclenche les hostilités. Mais tous pensent que la guerre sera courte et que, pour Noël, les hommes seront rentrés à la maison.

Jean-Marie Morvan (1883-avril 1918) : détail de l'avis mortuaire.

Coll. part.

Récit de Jean-Marie Morvan, de Kervern, vicaire aux Carmes à Brest, prêtre brancardier au 2e chasseur :

Il était indiqué sur mon livret militaire que je devais partir par le train dès le premier jour de la guerre. Le dimanche 2 août, j'ai quand même dit ma messe à quatre heures du matin et j'ai essayé d'attraper le train de cinq heures à la gare de Brest. Des tas de gens demandaient des places, comme moi. De nombreux prêtres s'étaient regroupés pour faire ensemble la première partie de la route. Quand je suis arrivé à la caserne Bedeau à Nantes, on m'a dit que je n'avais pas besoin de me présenter à la caserne avant le troisième jour. J'aurais aussi bien fait de rester chez moi, mais ce n'était pas le moment de se plaindre ! Le mardi matin, je suis revenu à la caserne et me voilà affecté comme brancardier au 11e corps d'armée. Durant les huit jours pendant lesquels je suis resté à Nantes, avant de prendre le départ pour la guerre, je n'ai pas eu grand-chose à faire, mis à part des marches pour avoir un entraînement de soldat ; ensuite, j'avais toute liberté pour faire des promenades comme je les aime.

Le 10 août 1914, nous avons quitté Nantes avec notre brassard, notre sac sur le dos. Vous pouvez me croire : nous trouvions notre sac bien lourd ! A dix heures nous sommes montés dans le train à Sainte-Luce pour aller je ne sais où. Nous sommes passés par Ancenis, Angers, Sablé ; dans ces gares-là, la population nous a réservé un très bon accueil en nous offrant du pain-beurre, de la confiture et des biscottes. Puis nous sommes arrivés aux alentours de Paris, sans toutefois entrer dans la capitale. Après être passés en gare de Meaux, nous voilà maintenant à Reims où j'ai demandé : « Est-ce que nous sommes encore loin ? - Non, mais le médecin-chef a reçu un message nous ordonnant de continuer le voyage. » Il était cependant évident qu'il fallait s'approcher de l'ennemi : nous avons reçu le renfort de soldats, dans le train, au cas où il y aurait des attaques d'aéroplanes, ce qui nous a surpris. Pour en finir, nous sommes descendus à Somme-Py, dans le département de la Marne, tous morts de fatigue après un voyage de 27 heures. Notre chef s'est mis tout de suite à la recherche d'un logement dans le bourg ; il n'a trouvé pour le repos des troupes qu'un peu de paille dans une grange à moitié ouverte.

Au milieu de la nuit, levés à cinq heures, nous allons communier. A six heures, nous nous mettons en marche et nous parcourons sept lieues d'affilée sous une chaleur épouvantable, avec en plus le poids de notre sac sur le dos. Au fur et à mesure que nous avançons, il n'y a que des montées et des descentes. A dix heures, nous faisons une courte halte avant de reprendre notre

Régiment de chasseurs partant de Nantes pour la frontière (carte postale).

Coll. part.

marche en avant. Mes pieds sont écorchés, ils me font terriblement mal. A deux heures, nous atteignons Falaise, le but de notre voyage. La première chose que je fais après avoir mis sac à terre, c'est d'enlever mes chaussures et d'aller laver mes pauvres pieds sur le bord d'une petite rivière qui passe à proximité du bourg. Par chance, nous bivouaquons deux jours sur place, ça nous redonne des forces pour reprendre notre marche en avant.

Le 14 août 1914, de bon matin, nous prenons la direction d'Autruche : cinq lieues à parcourir sous un soleil ardent. Dans ce petit bourg, les gens veulent gagner de l'argent en nous faisant payer cinq réaux (= 1,25 F) le litre de vin. Le soir, comme nous sommes à la mi-août, les soldats vont prier dans une église archi-comble ; et plusieurs d'entre eux ont les larmes aux yeux en écoutant les belles paroles de monsieur Girousse, aumônier militaire.

Le lendemain, jour de l'Assomption, nous ne pouvons rester jusqu'à la fin de la fête religieuse qui a si bien commencé. Nous recevons l'ordre de nous mettre en route tout de suite, en direction de Vivier, situé à trente kilomètres plus loin. La grande pluie se met à tomber avec en plus un vent froid qui frigorifie nos membres, bien que nous soyons obligés de marcher vite. Il est deux heures du matin et nous n'avons pas encore soupé. Nous avons été retardés sur la route, je ne sais pas combien de fois : la nuit est si sombre et il nous est interdit d'allumer des lanternes. Je ne suis pas près d'oublier cette nuit-là !

Au galop vers la frontière ! (carte patriotique).

Coll. part.

Quand je me réveille le matin, je veux dire ma messe, mais cela n'est pas possible. Il faut se mettre encore en route. Nous sommes épuisés quand le repos du soir arrive. Le souper est prêt ; nous allons commencer à manger, quand nous recevons l'ordre de tout lâcher, de quitter les lieux et de nous mettre rapidement en marche jusqu'à Le Fresnoy, à proximité de la ville de Sedan. Il nous reste vingt autres kilomètres à parcourir sur des chemins dangereux. Il est onze heures du soir quand nous arrivons ; mais ce n'est qu'à une heure du matin que nous pouvons nous allonger sur une couche de foin après une journée aussi épuisante ! Au milieu de la nuit, nous n'avons pas de messe puisqu'il n'y a pas de prêtre dans la paroisse. Une fois sortis du bourg, nous voyons de nos propres yeux un beau panorama : Bazeilles, Ballan, le bois de Marfès et, à gauche de la grande route qui mène à Sedan, il y a le manoir où l'empereur Napoléon III a signé l'acte de capitulation lors de la reddition de son armée pendant la guerre de 1870. En regardant les collines qui entourent Sedan, nous ne comprenons pas comment l'armée française s'y est enfermée. Cela a été facile pour les Prussiens de prendre les soldats français, comme dans un sac !

Le 20 août 1914, nous atteignons Remilly, trois lieues plus loin. Ce jour-là, nous apprenons la mort du Saint Père, le pape Pie X. Nous voyons pour la première fois un aéroplane prussien. Il vient face à nous. Les soldats essaient de prendre leur fusil, mais l'avion réussit à repartir.

Le 21 août 1914, nous quittons Remilly et, par Sedan, Villers-Cernay et Francheval, nous allons jusqu'à La Chapelle, 15 km plus loin. Là, nous dormons dans une écurie puis, à cinq heures du matin, au beau milieu de la nuit, nous continuons notre avancée. A huit heures, nous traversons la route qui sépare la France de la Belgique. Nous saluons la France avant de la quitter et nous sentons battre notre cœur.

La Belgique est un beau pays assurément. Autour de nous, il y a de grands bois et, devant nous, une route droite et plane qui nous conduit, au bout de six kilomètres, jusqu'à un petit village nommé Bouillon. Lorsque nous arrivons aux premières maisons, beaucoup de soldats quittent les rangs pour aller acheter du tabac, des allumettes et autres choses encore qui sont meilleur marché qu'en France. Mais nous ne restons pas sur place : nous devons aller jusqu'à Noire-Fontaine, une lieue et demie ou deux plus loin. Après avoir déjeuné dans un champ, nous allons visiter l'église, très belle à voir. Nous sommes très bien accueillis par la population.

Nous sommes maintenant le 22 août 1914. A neuf heures du matin, nous entendons pour la première fois le bruit assourdissant du canon. Le grand combat est commencé. Un peu plus tard, nous voyons venir vers nous une bande de dragons à cheval, blessés. C'est la première fois que nous voyons le sang couler. Aux alentours de quatre heures et demie, il est grand temps que nous allions sur le terrain. Nous continuons pendant une heure et demie à marcher en direction de Palisseul. Mais voilà que nous apercevons un pauvre artilleur. Il a perdu son képi. Son gilet et sa chemise sont déboutonnés. Il a le visage blême. Ses yeux sont hagards et il a grand-peine à tenir sur son cheval. Jamais je ne l'oublierai. Je lui dis un petit mot lorsqu'il passe à côté de moi et il me répond : "Là, ils sont à notre poursuite !" Il veut parler des Prussiens. C'est la première fois que nous sommes si près de la guerre. Même si je devais vivre cent ans sur cette terre, je ne penserais pas vivre ainsi ma vie. Je ne me décourage pas : je dis un acte de contrition pour évacuer de mon esprit tout ce qu'il peut y avoir de dangereux sur ma route. Maintenant, nous voyons venir en notre direction quelques chasseurs exténués, une lueur de terreur dans les yeux. "Nous fuyons avant l'arrivée des Prussiens !" Aucun d'entre nous n'ose leur demander d'où ils viennent et où ils vont, craignant d'accroître encore l'angoisse dans les cœurs.

Wagon aménagé pour le transport des blessés (carte postale).

Coll. part.

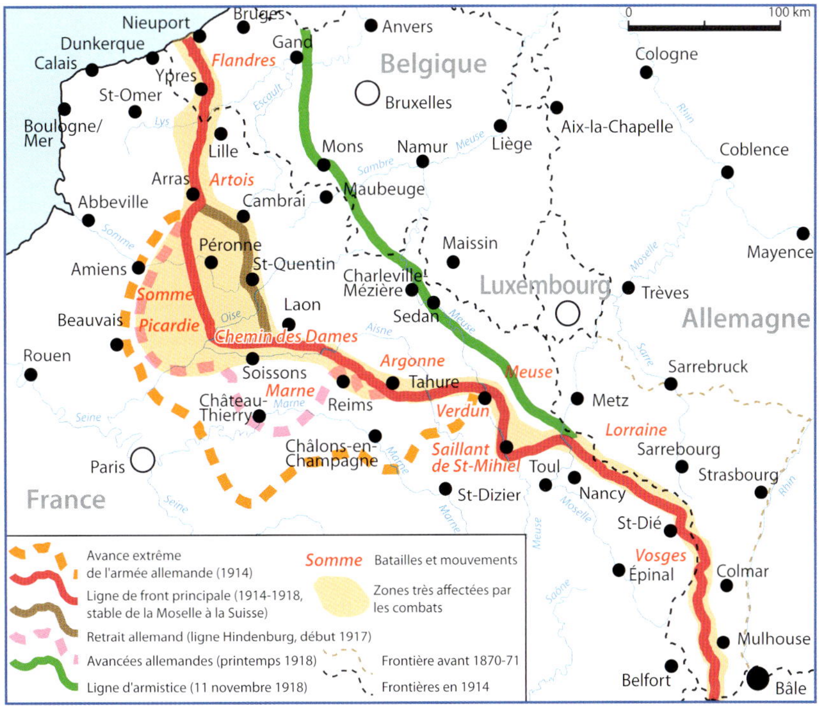

Les avancées et reculs du front, 1914-1918.

Réal. Skol Vreizh.

3 - La guerre des frontières : Maissin (Belgique)

On a dit que Maissin avait été la bataille des Bretons... En souvenir de cette bataille frontale, il y a encore à Maissin un cimetière breton et un calvaire offert par Le Tréhou (29) ainsi qu'une rue de Brest.

Trois soldats guipavasiens ont été tués à la bataille de Maissin le 22 août 1914 : Jean Lavanant, de Kerlisic, Jacques Cren, de Kerjaouen et l'abbé Ernest Kerjean, de Pont Mezgall.

Un officier, sabre au clair,
mène ses hommes au combat
(carte patriotique).

Coll. Skol Vreizh.

Suite du récit de Jean-Marie Morvan

Le 22 août 1914, nous arrivons à proximité de la gare de Palisseul. Une section d'infirmiers va aider les soldats blessés à monter dans le train. Mais nous ne pouvons rendre efficace cette aide. Entre-temps, nous restons sur la grande route ; puis nous partons nous reposer au bord d'un talus et là, nous voyons venir vers nous un corps d'armée entier qui bat en retraite. Il y a les soldats du 35ᵉ RI, le 2ᵉ chasseur à cheval, le 116ᵉ régiment d'infanterie et le 118ᵉ RI ainsi qu'une partie du 19ᵉ régiment d'infanterie. L'autre partie du 19ᵉ RI a dû se porter à l'attaque des Prussiens dès le matin, à la baïonnette, au bourg de Maissin et ils tiennent tête encore. Ils n'ont plié devant l'ennemi que le dimanche matin, à 10 h. C'est lors de ce sanglant combat qu'est tombé le caporal Ernest Kerjean de Guipavas, ainsi que la plus grande partie des officiers du 19ᵉ régiment d'infanterie de Brest. Pour sortir de Maissin, ils ont dû marcher sur les équipements et les corps de leurs camarades tués au combat. [...] Le lendemain, les Prussiens arrivent à nos trousses à Noire-Fontaine. Les chevaux des artilleurs sont anéantis et nous sommes gênés, dans notre marche, par la population fuyant Maissin et Palisseul. Les gens portent sur leur dos ce qu'ils ont de plus précieux. Les femmes ont leurs petits enfants dans les bras et donnent la main à ceux qui peuvent marcher. C'est vraiment un bien triste spectacle !

4 - L'étonnante histoire de Simon Lamour

L'étonnante histoire de Simon Lamour, de Guipavas, racontée dans 2 numéros du *Kannad.*

Dans un premier temps (juin 1916), il figure parmi les trois soldats qui viennent d'être tués, qui sont donc *Maro var an dachenn a enor* (Morts au champ d'honneur) : déjà 58 Guipavasiens tués !

Simon-Marie Lamour

Simon Lamour, qui habitait avec son frère à Keravilin, n'avait jamais donné de nouvelles depuis qu'il était parti à la guerre. Il était dans le 1er régiment colonial et, comme beaucoup de ses camarades, il a sans doute été pris par les Boches à Maubeuge ou dans l'un des combats qui ont eu lieu à cette époque.

Le papier reçu par ses parents ces dernières semaines les informe qu'il avait été gravement blessé et qu'il est mort le 5 août 1915 à l'hôpital de Speyer (Spire) *en Allemagne. Ce sont les Prussiens eux-mêmes qui leur ont appris la nouvelle et qui leur ont fait savoir qu'il est enterré au même endroit. Il y avait longtemps qu'on aurait dû savoir ce qui s'était passé, mais ils avaient peur de se tromper et une enquête avait été menée pour qu'ils soient sûrs qu'il était bien mort.*

Simon Lamour était de la classe 13. Que Dieu veuille bien prendre en compte les deux souffrances qu'il a endurées : être fait prisonnier et mourir si loin de chez lui, parmi nos cruels ennemis !

Dans un second temps (n° de juillet–août 1919), Simon Lamour est de retour, parmi des prisonniers !

Nos prisonniers sont de retour

[...] Il faut aussi que je dise un mot sur l'un des soldats de Guipavas, dont la nouvelle de la mort était venue d'Allemagne, il y a longtemps, et qui est rentré parmi les autres prisonniers, vivant et en bonne santé : Simon Lamour, de Keravilin. Le Kannad *l'avait mentionné parmi les* Morts au champ d'honneur, *et les prières ont été dites pour lui à l'église de Guipavas. Ecoutez son histoire, qui est étonnante. Après la bataille de Rossignol, le 22 août 1914, il resta dans un grand bois avec 7 camarades ; il y vécut comme un ermite jusqu'au mois de janvier, mangeant des racines, des rutabagas, des betteraves, etc. Vers la fin, il se proposa pour faire des paniers et des mannes. Mais un jour, il eut peur*

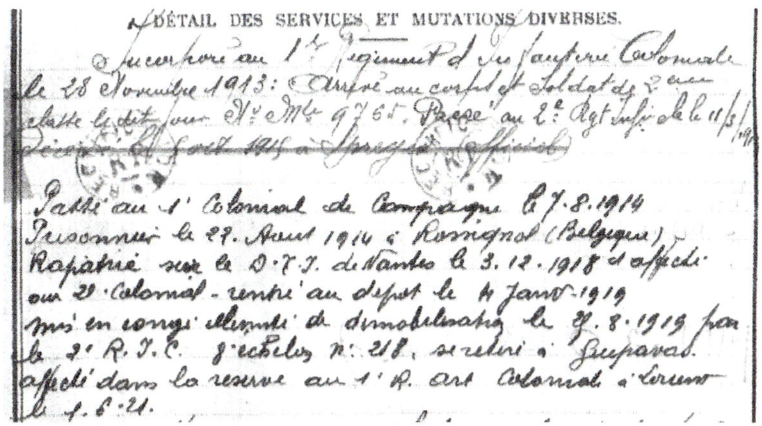
DÉTAIL DES SERVICES ET MUTATIONS DIVERSES.

Incorporé au 1er Régiment d'Infanterie Coloniale le 28 Novembre 1913 : Arrivé au corps et Soldat de 2e classe ledit jour N° Mle 9765. Passé au 2e Rgt Infie Colle le 11/3/191[illegible]

~~Décédé le 5 août 1915 à Speyer (officiel)~~

Passé au 1er Colonial de Campagne le 7.8.1914
Prisonnier le 22 Août 1914 à Rossignol (Belgique)
Rapatrié sur le D.T.I. de Nantes le 3.12.1918 et affecté au 2e Colonial - rentré au dépôt le 4 Janv. 1919
mis en congé illimité de démobilisation le 27.8.1919 par le 2e R.I.C. 9e échelon n° 218. se retire à Guipavas.
affecté dans la réserve au 1er R. art Colonial à Lorient le 1.6.21.

Détail du livret militaire de S. Lamour comportant la mention "décédé le 5 août 1915 à Spreyer"; cette mention a été rayée.

Coll. Archives 29.

d'être trahi par un Belge qui lui avait donné un morceau de pain. Après avoir trouvé des habits civils, il parcourut, la nuit d'après, les 10 lieues qui le séparaient du Luxembourg et là, dans la ville d'Esch (-sur-Alzette), *sous un nom belge, il trouva du travail dans une briqueterie, jusqu'à la fin de la guerre. Mais il y avait beaucoup de Boches autour de lui et, de peur d'être découvert, il jugea préférable de ne pas envoyer de ses nouvelles à ses parents, pendant 4 ans. En 1917 pourtant, ses parents reçurent d'une famille belge une lettre qui leur faisait penser qu'il était vivant. Aussi n'ont-ils pas été trop émus de le voir revenir !*

Comment expliquer cette méprise, confirmée par la copie du livret militaire de S. Lamour ? Peut-être y a-t-il eu un cas d'homonymie avec un autre Lamour décédé à Spire le 5 août 1915 ? Il est plausible qu'il soit resté caché pendant 5 mois dans une forêt des Ardennes belges, après la bataille de Rossignol, et que, ne pouvant rejoindre les lignes françaises, il ait trouvé refuge au Luxembourg ; mais que sont devenus ses 7 compagnons d'infortune ?

Rappelons que la bataille de Rossignol (22/08/1914), au sud-ouest de la Belgique, fut l'une des composantes de la bataille des Frontières ; très violente, elle mit aux prises des unités françaises et allemandes ; elle se conclut par une victoire allemande et par la quasi-destruction d'une des divisions du corps colonial français.

"En 1914, au début de la guerre, l'infanterie est armée d'un fusil à répétition et dotée, en outre, de quelques mitrailleuses […].

La mitrailleuse est peu connue des cadres et de la troupe […], on n'imagine pas que son emploi puisse modifier sensiblement les procédés tactiques de l'infanterie." Instruction provisoire pour les mitrailleuses d'infanterie du 1er octobre 1920. Rapport au ministre, p. 13.

La mitrailleuse (carte postale). Coll. Skol Vreizh.

5 - Du pantalon rouge garance à l'uniforme bleu horizon : l'évolution de l'uniforme français durant la Première Guerre mondiale

Dessin de Daniel Léal.

Les multiples évolutions qui ont eu lieu durant toute la guerre, souvent à quelques mois d'intervalle, ont mis longtemps à devenir représentatives sur le front, en raison du temps nécessaire à la confection et des stocks à écouler. Un vêtement ou un accessoire devenant réglementaire «sur le papier», a mis parfois plus d'un an avant d'être réellement distribué aux soldats.

Un uniforme inadapté (août 1914)

A la mobilisation, l'uniforme français en vigueur est totalement obsolète : la plupart des grandes armées européennes (Britanniques, Russes, Italiens, Allemands) ont adopté des couleurs discrètes pour leurs tenues de campagnes.

Les soldats français sont dotés d'un képi (pas de casque !), d'un pantalon rouge garance qui fait d'eux des cibles idéales pour les mitrailleuses allemandes, leurs équipements sont inconfortables et archaïques.

Pourtant, depuis le 9 juillet 1914, le Parlement avait décidé d'adopter un drap tricolore formé de 60 % de laine bleue, 30 % de laine garance et 10 % de laine blanche. Mais il est trop tard, la mobilisation générale est ordonnée le 2 août et aucune mesure n'a encore été prise pour améliorer l'uniforme.

Le soldat est équipé d'un "barda" de 30 kg :

- un sac à dos "havresac" (gros matériel)
- une musette en bandoulière (petit matériel du quotidien)
- un fusil Lebel, qui sera remplacé par le modèle Berthier en 1916
- 2 musettes pour grenades et munitions
- un ceinturon pour soutenir la baïonette (si elle n'est pas au canon)
- 3 cartouchières (120 cartouches) et la gourde d'un litre.

Hiver 1914 : le camouflage à tout prix

Dans l'urgence, l'armée distribue des couvre-képis et des couvre-pantalons de couleur bleue afin de dissimuler le plus possible la couleur rouge de l'uniforme. Les hommes qui n'ont pas encore perçu le couvre-pantalon ont l'ordre strict de porter les pans de la capote relâchés afin de cacher le plus possible leur pantalon.

Apparition de la coiffe en métal, avant la généralisation du casque en 1915.

Photo *l'Illustration*, 1915. Coll. part.

Dessin de Daniel Léal.

Par ailleurs, l'armée adopte les bandes molletières (2,60 m de long), qui viennent remplacer les guêtres en cuir très inconfortables, mais ces bandes se gorgent d'eau. En effet, le cuir manque et l'armée n'est pas en mesure de fournir ces équipements. Les différents éléments : brelages, cartouchières, porte-baïonnettes, etc. sont fabriqués en toile.

La distribution s'étend durant l'hiver 1914, des unités équipées de nouveaux effets côtoient d'autres unités qui n'en sont pas encore pourvues.

Le poilu du printemps 1915 : réforme du bleu horizon, l'apparition des gaz

La grande majorité des soldats sont enfin vêtus d'un képi et d'une capote bleus. La première attaque aux gaz survient le 22 avril 1915 à Ypres en Belgique. Chez les Français, c'est la débandade, aucune protection n'a été prévue. En trois jours, des tampons contre les gaz sont conçus et commencent à être distribués. On y adjoint des lunettes civiles pour protéger les yeux : ce sont en général des lunettes de motocyclistes, d'apiculteurs, de soudeurs...

Le nouveau casque (de face).

Le nouveau casque (de profil).

Photo *l'Illustration*, 1915. Coll. part.

Automne 1915 : l'adaptation à la guerre de tranchée - le casque "Adrian"

En pleine offensive de Champagne et d'Artois, le second semestre 1915 voit également l'arrivée d'un élément très important : le casque d'acier "Adrian". Cet ajout a été rendu indispensable par l'augmentation dramatique des blessures à la tête d'autant que l'Allemagne vient d'instaurer le casque lourd. Auparavant, il n'existait que la cervelière, calotte d'acier placée sous le képi. L'absence de casque sera la cause de milliers de victimes touchées à la tête par des éclats d'obus ou d'autres projectiles. Les protections contre les gaz se multiplient et progressent sans cesse, en même temps que les gaz eux-mêmes. Les nouveaux masques sont plus volumineux, enveloppant les voies respiratoires et les yeux.

1917 et 1918 : les dernières évolutions

Les modifications les plus caractéristiques sont :

- Un nouveau casque Adrian (2e type), moins brillant, permet de se débarrasser du couvre-casque qui avait le défaut d'accentuer les blessures à la tête car il était souvent sale. Par ailleurs, il est demandé aux hommes qui possèdent encore le casque 1er type de le repeindre d'une peinture plus mate.
- La capote à double boutonnage, "capote croisée", est conçue pour mieux protéger du froid afin d'éviter les affections pulmonaires : bronchites et, surtout, tuberculose.
- Le masque à gaz modèle Ars et sa boîte métallique caractéristique : premier masque moderne conçu avec une cartouche que l'on peut dévisser et changer.

Les évolutions auront donc été permanentes tout au long du conflit, pour modifier totalement un uniforme et des équipements totalement inadaptés.

6 - La bataille de la Marne (6-13 sept. 1914)

Après la bataille de Charleroi, la France est envahie. Les Allemands déferlent en direction de Paris. La situation est dramatique. Le général Gallieni, gouverneur militaire de Paris, et le général Joffre contre-attaquent sur la Marne et contraignent les Allemands à reculer (du 6 au 13 septembre 1914).

Bataille de la Marne (carte postale).
Coll. Skol Vreizh.

Suite du témoignage de Jean-Marie Morvan :

Les nouvelles qui nous sont parvenues indiquent maintenant que les troupes françaises commencent à gagner. Nos soldats continuent, encore, avec rage, à attaquer les Prussiens. Notre officier a lu une dépêche arrivée par le télégraphe sans fil, précisant que les Prussiens réclament des renforts ; sinon, ils se verront dans l'obligation de céder du terrain, de reculer. Le général Pau demande, lui aussi, des troupes pour renforcer nos soldats engagés dans la bataille, car le désir est grand de remporter la bataille de la Marne. Le lendemain, entre 9 h et 11 h, notre artillerie a dû tirer 28 000 boulets de canons. Et toute la nuit a été éclairée.

Le 7 septembre 1914, à 6 h du matin, nous nous mettons en marche en direction de La Fère. Mais un certain nombre de nos camarades et moi-même recevons l'ordre d'aller jusqu'à La Mornée. Jamais encore, depuis le début de la guerre, je n'ai entendu un tel vacarme, un tel bruit assourdissant de canons. Aux alentours de midi, nous pouvons manger un bout de pain et un peu de conserves. A 2 heures et demie, nous sommes de retour à La Fère ; mais aussitôt, nous recevons l'ordre de repartir en direction de Connantray, avec l'ensemble de nos voitures et autres matériels pour ramasser les blessés. A Connantray, nous trouvons un grand nombre de blessés qui meurent de soif. Je vois le curé de Saint-Martin, M. Boëtté, aumônier au 19e régiment d'infanterie de Brest, pour autant qu'il puisse encore tenir sur ses jambes. Ce régiment a été bien décimé lors des combats du jour précédent. Je confesse une quinzaine de soldats blessés avant de repartir en direction d'Euvy. Ils transportent, sur une civière, un soldat blessé originaire du Finistère. A la tombée de la nuit, je me sens épuisé et je suis très affaibli. Mais, lorsque un camarade m'offre un verre d'eau, je reprends un peu de forces. Au souper, nous avons une soupe chaude et nous pouvons faire un somme au milieu d'un champ, à 9 h du soir.

Le 8 septembre, à 3 h du matin, nous sommes réveillés par le son du canon. Vite, nous devons faire notre paquetage pour nous replier. Nous entendons des coups de fusils à un kilomètre en notre direction. Nous traversons Gourganson, Salon et nous ne nous arrêtons qu'à la nuit tombée à Champfleury.

Pourquoi les Français ont-ils été contraints de reculer ? Jean-Marie Morvan raconte la ruse utilisée par les Allemands pour duper les sentinelles françaises, provoquant, en pleine nuit, un carnage parmi nos troupes, dans une mêlée confuse :

Quand la nuit était venue, les Prussiens, qui avaient dû reculer dans la journée, étaient revenus à proximité de nos tranchées ; mais, quand nos soldats de garde firent les sommations d'usage : « Qui vive ? », les Prussiens répondirent le mot de passe : « France ! » et les soldats français les laissèrent passer. Après avoir tué nos sentinelles, les Prussiens bondirent sur notre première ligne et assaillirent nos soldats à la baïonnette. Nos pauvres soldats, perdus dans l'obscurité, ne purent pas se défendre contre cette attaque surprise. Plusieurs tuèrent leurs camarades en pensant tirer sur les Prussiens. Ainsi, plusieurs restèrent sur le carreau ; et ceux qui avaient été blessés ont été achevés par l'ennemi. C'est ainsi qu'est tombé M. Deschard, qui avait été auparavant notre lieutenant.

Le 11 septembre 1914, de bon matin, nous entendons avec joie que les Prussiens ont commencé à reculer pour de bon. C'est la bonne nouvelle qui nous est parvenue.

Il nous faut, tout de suite, nous remettre en marche et repasser encore au même endroit. Il ne fait pas encore jour lorsque nous recevons l'ordre de courir en direction d'Euvy. Au fur et à mesure que nous avançons, nous voyons de toutes parts des destructions faites soit par les Prussiens soit par les Français eux-mêmes : de grands trous ouverts par des coups de canons, des bâtiments à moitié tombés, sauvagement défigurés, des bœufs et des chevaux étendus, ici et là, dégageant une odeur de pourriture terrible, des vêtements militaires et des armes de toutes sortes couverts de sang. A Euvy, nous buvons très rapidement un coup de café. Connantray, où nous sommes déjà passés le 7 septembre, fait maintenant pitié à voir. Toutes les maisons sont vides et tout a été pillé. A côté de nombreuses crèches, nous trouvons des bœufs que les Prussiens ont tués pour les manger. Mais ils n'ont pas eu le temps de les dépecer et de les embarquer avec eux. Mais ce spectacle de désolation n'est rien encore à côté de ce que l'on va voir maintenant.

Le médecin-chef me dit, ainsi qu'aux autres brancardiers, de prendre les civières et les brancards, de sortir du bourg de Connantray et d'aller jusqu'à un bois situé tout près de là. Nous marchons sur un petit chemin, en laissant une distance d'une vingtaine de mètres entre chaque brancardier pour éviter de se perdre, quand nous entendons crier en même temps et la même chose : « Oh ! Oh ! »

C'est un spectacle d'horreur qui s'étale sous nos yeux lorsque nous atteignons le bois. Nous sommes sur le champ de bataille. Jamais personne, je pense, n'arrivera à faire comprendre à quiconque l'horrible tableau que je vois. Sur 4 à 5 km, il n'y a que des corps morts, entassés les uns sur les autres, leur visage noirci par la poudre, leur tête écrasée, leur poitrine ouverte, les jambes et les bras déchiquetés. Dans un premier temps, nous ne trouvons que des soldats français. La plupart d'entre eux ont leurs mains croisées et leur chapelet entre les doigts. Les autres sont à genoux, face contre terre. De nombreux sergents et caporaux se trouvent parmi leurs soldats. Certains ne sont pas morts sur le coup et ils ont encore sur le visage le teint de l'agonie.

Voici maintenant ce que je découvre du côté des Prussiens : celui -ci est étendu sur le ventre, le visage dans la terre et son cerveau sort de son crâne fendu. Un autre, qui a tenté de s'enfuir, a été atteint par le souffle d'un obus. Il est à genoux et sa tête est un peu enterrée. Plus loin, je trouve un autre soldat prussien qui semble s'être mis en arrière sur le dos afin de mourir en paix. Ses mains sont croisées également. A côté d'une rangée d'arbres, je vois une vingtaine de corps : leurs poches ont été fouillées pour y retirer ce qu'il y a de plus précieux. Les Prussiens font à leurs propres soldats ce que font aussi les Français. Plusieurs ont sur eux des cartes postales prélevées dans les villes et les villages où ils sont passés. Des vêtements militaires et des armes de toutes sortes sont étalés un peu partout. Des boîtes de conserves et du pain noir jonchent le sol. La terre est à moitié cachée par les corps et tout ce qu'il y a autour. En passant par-dessus un reste de canon carbonisé, je vois, étendu sur un tas de cailloux, un officier, capitaine au 32e régiment de Tours. Il a son chapelet en mains et semble dormir. Mais il est mort depuis peu. A côté de ses pieds, il y a des lettres qu'il a reçues de son épouse et de sa mère ainsi que son porte-monnaie ouvert. Je le prends et je rassemble tout ce qu'il y a dedans et autour, pour les amener à sa famille qui, j'en suis sûr, les conservera comme reliques. Il restera longtemps dans mes pensées. Plus loin, je trouve un de ses camarades, capitaine au 11e régiment d'infanterie. Il a encore dans les côtes la baïonnette prussienne qui l'a tué !

L'horreur du champ de bataille (carte postale).

Coll. part.

Après avoir traversé le bois, nous apercevons dans un champ un aumônier du 9e corps d'armée qui s'incline devant un soldat mort en récitant un De profundis. Plus loin, nous trouvons un religieux trappiste agenouillé près d'un autre pauvre soldat. Il n'est pas encore mort mais il a une plaie terrible sur le côté de la tête et sa main gauche est couverte de sang coagulé ; mais son cerveau a encore un peu de vie. Le prêtre lui donne l'absolution. J'ai les larmes aux yeux après ce que j'ai vu. Entre-temps, un de nos camarades est parti en courant chercher un brancard pour l'envoyer à l'ambulance à Connantray et c'est là qu'il est mort.

L'abbé Jean-Marie Morvan sera tué dans l'Aisne, le 6 avril 1918.

7 - La vie quotidienne dans les tranchées : la corvée de soupe

Après de vaines tentatives de débordement successifs des adversaires par l'avant et la "course à la mer" (sept./oct. 1914), les deux armées s'enterrent dans des tranchées, en hiver, face à face, sur une ligne de 645 km allant de la côte belge à la frontière suisse. Aucune n'arrive à prendre le dessus et à percer. On passe d'une guerre de mouvement à une guerre de position. Les tranchées servent à se protéger des tirs ennemis. Les soldats souffrent de la boue, du froid et des bombardements continuels.

Une lettre du sous-lieutenant Athanase L'Hostis décrit la nuit aux tranchées (*La Voix du Pays* du 7 octobre 1917).

En ce moment, ma section est en première ligne depuis 5 jours et doit y rester encore 4 jours. Tout s'est bien passé jusqu'ici. Tous les jours, bien entendu, il tombe quelques obus, quelques mines et bombes sur le secteur. Ce matin, il en est tombé une centaine en une heure. La nuit, c'est la mitrailleuse qui balaie le terrain sur lequel nous posons des fils de fer. Je ne n'ennuie pas, loin de là. Je vous assure que je préfère être en première ligne.

Voici l'emploi du temps : au début de la nuit, je préside à la pose des fils de fer et j'y mets moi-même la main. Ensuite, je parcours tout le secteur de la compagnie dans laquelle je me trouve. Je vais d'une sentinelle à l'autre. Tous me reconnaissent dans l'obscurité. Vous comprendrez facilement le plaisir que cette visite leur fait, si je vous dis leur situation. Imaginez-vous un ou deux hommes placés dans un petit poste ou dans un coin de la première ligne ; à 80 ou 100 m à droite et à gauche, il n'y a personne ! C'est l'isolement le plus complet et ils restent là toute la nuit et il pleut quelquefois et les bombes, les grenades à fusil tombent tout près...

Une autre lettre du sous-lieutenant L'Hostis du 219e RI décrit la corvée de soupe (1er janvier 1918) :

Nous sommes de nouveau en ligne dans un secteur dont le principal ennemi est l'eau et la boue. C'est une immense forêt dont les trous d'obus sont des mares d'eau. Le bois haché par un bombardement, un feu roulant de 15 jours, est un fouillis inextricable. Cependant, les relèves et les corvées de soupe sont encore plus dures que le séjour en ligne. Oh ! la relève par une nuit noire, dans un secteur haché, bouleversé par la mitraille : rien de plus affreux, 12 km avec une charge presque complète sur le dos car, avant de monter aux tranchées, on fait des provisions pour tout le séjour en ligne.

On quitte le cantonnement vers 4 h du soir et on arrive à son poste vers minuit, quelquefois 2 h et 4 h du matin. On marche en file indienne. Le guide tâte le chemin avec sa canne pour éviter les trous d'obus dont quelques-uns sont de véritables gouffres. Malgré toutes les précautions prises, malgré la lenteur de la marche, il n'est pas rare de voir des poilus rouler avec toute leur charge au fond de ces immenses trous. Néanmoins, rares

Dessin de *La Voix du Pays.* Coll. part.

Le "jus" aux tranchées, dans le froid et la neige (carte postale). Aquarelle d'Ernest Gabard, peintre et sculpteur béarnais mobilisé en 1914. Il réalisera aussi une quinzaine de monuments aux morts. Coll. part.

sont les plaintes. De temps en temps, on demande : « C'est encore loin ? » Cette souffrance se renouvelle toutes les nuits pour les corvées de soupe. Ce sont là des efforts surhumains. Qui dira donc que Dieu n'est pas avec nous ? C'est lui cependant et lui seul qui nous soutient.

Une lettre de M. Neildé, vicaire de Guipavas, publiée dans *La Voix du Pays* du 1er février 1918 raconte la rude tâche des poilus travaillant à la réparation des tranchées et des boyaux.

Je vous écris ma dernière lettre dans un moment de fatigue et de surmenage extraordinaires. Actuellement, je suis remonté dans un poste et, comme il n'y a guère de blessés, nous travaillons à autre chose. On nous a chargés de l'entretien d'un boyau. Par ce temps de dégel et de pluie, il est dans un état abominable. Ce matin, je me suis taillé ma besogne : 5 m de longueur sur 2 m de profondeur. Pour la soupe, à 11 h, le travail était déjà bien avancé. Mais, quand je partais, un éboulement s'est produit et, à mon retour, d'autres avaient suivi, de telle sorte que mon boyau était dans un plus mauvais état qu'au début... Entre-temps, notre misérable gourbi s'effondrait, lui aussi, et nous devrons essayer de le réparer au moment du repos. Vous le voyez, la vie est assez dure et nos bras tombent souvent de lassitude. Autrement, le travail avance. Il faut voir combien de fil de fer il faudra installer chaque nuit. Si les Prussiens veulent passer, je crois qu'ils auront de quoi faire !

À l'attaque !
(carte postale).
Aquarelle d'Ernest Gabard.
Coll. part.

8 - À l'assaut !

Lettre de François Colin, de Kervao, sous-lieutenant, hôpital 3, Foix :

Le 8 octobre, j'ai été blessé au coude gauche d'un éclat d'obus, mais il n'y paraîtra rien dans quelques jours. J'ai eu une fameuse chance : nous étions tous debout dans une tranchée très étroite, serrés comme des harengs, et nous attendions le moment d'aller renforcer le bataillon de première ligne qui était monté à l'assaut depuis une heure. Naturellement, des obus pleuvaient à droite et à gauche. Tout d'un coup, un malheureux 210 tombe en plein dans la tranchée à 2 m de moi. Au premier instant, je crus mon bras enlevé, mais mon attention fut tout de suite attirée par une dizaine de camarades qui étaient étendus près de moi, horriblement hachés. Cette fois encore, je puis donc bien remercier Notre-Dame du Reun de m'avoir si bien protégé.

Lettre de Paul Cozian dans *La Voix du Pays* du 1er février 1918 :

Le secteur n'est pas trop mauvais pour le moment, mais nous n'avons pas d'abri et la nourriture est maigre. Aussi nous souffrons beaucoup du froid, mais nous tenons quand même. Nous sommes au Mort-Homme. J'ai retrouvé mes vieux camarades, mais plusieurs ont disparu, car ils ont combattu à la cote 344. Pour Noël, les Allemands ont chanté en face de nous, mais nous les avons imités pour montrer que nous étions aussi contents qu'eux. Nous le serons plus encore, l'an prochain, si nous sommes à la maison, comme nous l'espérons.

Lettre de François Dourmap, de Pen ar C'hreac'h-Saint-Divy, *La Voix du Pays* du 1er janvier 1918 :

Me voilà à 15 km du front comme conducteur au train d'équipage. C'est bien mon tour, je crois, à cause de mon âge et mes charges de famille. Oh ! comme c'est dur, le séjour aux tranchées, en raison de la glace, de la neige et des obus toxiques que l'ennemi nous envoie, et comme la garde est pénible pendant 8 h de nuit ! Pour moi, c'est la Sainte Vierge qui m'a sauvé.

9 - La vie quotidienne à Guipavas

Comme partout ailleurs, la campagne s'est vidée de ses forces vives. Pendant que les hommes combattent au front ou en mer, les femmes, aidées des adolescents et des vieillards, ont pris leur courage à deux mains pour mener à bien les travaux de la ferme.

De nombreux dessins, illustrant les lettres des poilus parues dans *La Voix du Pays,* montrent des scènes de la vie rurale : des femmes, à l'aide d'une « tranche », arrachent les pommes de terre, d'autres les ramassent dans des *boutogs*, d'autres encore tiennent les mancherons de la charrue, coupent le blé à la faucille, lient les gerbes à la main...

Un bon exemple des préoccupations de ces femmes nous est fourni par une carte de Louise Le Roux, de Kerivoal, à son frère Victor :

J.M.J. Kerivoal le 12 mai 1918

Mon cher frère Victor

Je viens t'écrire cette carte pour te dire que Jeannie a reçu sa carte aujourd'hui, dimanche, quand elle a été à la messe car nous profitons de la messe du dimanche pour prier le bon Dieu de vous préserver jusqu'à la fin de ce triste temps. Demain nous irons à "cercler" les pommes de terre et le domestique est à faire la boumbe pendant la journée et s'il ne fait pas encore demain, alors ce sera bien ; alors si tu peux venir nous donner un secours pendant les gros travaux, alors nous serons très bien (...) et Yvonnic est son époque au mois de juillet de venir en permission. Les taureaux s'engraissent maintenant car on leur donne du trèfle rouge et du gouelien** deux fois par jour. Je te dis cher frère Victor que le poulain de Coquette est mort. Jeudi matin quand le domestique est allé envoyer son déjeuner à Coquette, le poulain était allongé par terre et il était froid glacé. Il avait eu un coup de sang probablement et maintenant jeudi prochain il faudra présenter les juments vides à Landerneau et nous avons peur que Coquette sera pris aussi si quelqu'un va déclarer qu'elle a perdu son poulain ; et la jument Lucie il faudra la présenter parce qu'elle a été déclarée vide. C'est le gouvernement qui va prendre les juments encore. La petite vieille vache nous gêne aussi et il faut que nous la gardons encore car elle mange bien du trèfle rouge. Je te dis que jeudi j'avais été à Kersaint et j'avais envoyé une petite bonne avec moi, elle a douze ans, c'est la fille de Cola ar C'halvez. C'est une fille bien gaie et bonne pour jouer avec les enfants. Nous sommes tous bien portants à Kerivoal et je désire que tu sois de même en recevant cette carte. Au revoir à la prochaine nouvelle. Louise.*

Dessin extrait de *La Voix du Pays.* Coll. part.

Mais les femmes ne peuvent pas tout faire. Ainsi au moulin du Pont (*milin ar Pount*), elles n'ont pas osé remettre le moulin en route : cette savante mécanique faite de roues à aubes, de poulies et de courroies, d'engrenages et de grandes meules de pierre qui constituent l'appareillage impressionnant des moulins est une affaire trop complexe ; c'est, à l'époque, un domaine réservé aux hommes. Ici, le meunier est parti à la guerre et a été fait prisonnier au Chemin des Dames. Charles Costiou, plus

*Le verbe breton *po(u)mpañ* signifie labourer la terre à l'aide d'un *po(u)mper*, charrue en bois à soc d'acier qui servait à défoncer la terre.

**= de la lavasse, sorte de "soupe" pour les animaux contenant des céréales moulues et des pommes de terre cuites.

connu sous le nom de *Charlig milin ar Pount*, a réussi à faire savoir à sa famille qu'il est en captivité en Allemagne. Son voisin, Guillaume Léal (*Lomm milin ar Roz*), le meunier du moulin du Roz, a été mobilisé lui aussi et la grande roue à aubes restera inutilisée pendant quatre années ; elle finira par se dessécher et pourrir !

Un dessin à la plume représente une Guipavasienne qui, après une rude journée, écrit à son mari parti à la guerre ; assise sur le coffre adossé au vaisselier près de la grande cheminée : elle s'applique pour lui donner des nouvelles de la ferme, des voisins et de la famille : exacte représentation d'un intérieur paysan de l'époque. D'autres dessins ou cartes postales représentent des Guipavasiennes en prières dans la chapelle Notre-Dame du Reun, ou encore une fillette, agenouillée sur le coffre devant le vaisselier où trône une statue de la Vierge, qui prie avec sa maman.

Il est des souvenirs d'enfance qui ne s'oublient pas. Il y a quelques décennies, Marie Prigent, de Kergompez, nous racontait que, toute petite, elle avait accompagné sa mère à la messe basse (6 h du matin), à l'église de Guipavas. Au moment du sermon, le prêtre, du haut de sa chaire, avait commencé : « *Brezel zo war an douar ha war ar mor !* » (Il y a la guerre sur terre et sur mer). Il avait alors marqué un silence, avant de poursuivre : « *Ur brezel all zo disklêriet !* » (Une autre guerre est déclarée). On n'entendait plus une mouche voler dans l'église : « *Brezel an orolachou !* » (La guerre des horloges). C'était la première fois que l'on changeait d'heure et que l'on passait à l'heure d'été ! Il s'agissait d'avancer l'heure de 60 mn au printemps, puis de revenir à l'heure initiale six mois plus tard. C'est le ministre Honorat qui avait pris cette décision pour économiser l'éclairage en période de guerre. Mais l'opinion publique, surtout à la campagne, ne voyait pas cela d'un très bon œil : contraindre les Français à adopter l'heure allemande ! La population rurale continue à vivre à l'heure solaire, qui rythme les travaux des champs. On était en juin 1916.

Mais la guerre 14-18 a aussi fait naître des histoires d'amour. La famille Bergé-Chabbée possédait la belle propriété de Coz Castel : la ferme avec ses bâtiments disposés selon un plan géométrique en carré et sa laiterie moderne, la maison bourgeoise avec tourelle de briques rouges, l'ancienne tannerie. Elle avait installé chez elle une maison de repos pour les soldats blessés ; l'étage et le grenier de l'ancienne tannerie avaient été aménagés en maison de convalescence, reconnue par le ministère de la Guerre. C'est ainsi qu'arriva au repos M. Demarle, originaire de Cambrai, région envahie par l'ennemi. Le blessé de guerre tomba amoureux de l'infirmière, qui n'était autre que la fille Chabbée et l'épousa. M. Demarle ne quitta plus Guipavas, sauf pour les vacances où il retournait dans le Nord, n'oubliant jamais d'en rapporter les fameuses « bêtises de Cambrai » ! Il deviendra conseiller municipal et reprendra l'affaire de son beau-père, négociant en farine et sel des Grands Moulins de Paris à Brest.

La maison de repos de Coz Castel à Guipavas (carte postale).
Coll. part.

10 - La pyrotechnie de Saint-Nicolas

Entrée de la Pyrotechnie, côté anse de Kerhuon.
Coll. part.

C'est vers 1905-1910 que les grands travaux vont commencer à Saint-Nicolas quand le ministre de la Guerre décide de transformer la poudrière en une pyrotechnie. Soisig Hily, née en 1904 à proximité de cet établissement militaire, racontait : « *J'étais encore toute jeune lorsque furent construits les premiers grands magasins de stockage d'obus et le grand môle de Saint-Nicolas où venaient accoster les chalands, tirés par des remorqueurs qui transportaient les munitions pour les bateaux de guerre basés à Brest. Les gens du Douvez appelaient ces chalands qui se suivaient à la queue leu-leu les* bugale (= les enfants). *Mais il n'y avait pas plus de 300 ouvriers à la Pyro à ce moment là...* »

Elle poursuivait : « *C'est pendant la guerre de 14-18 que la Pyrotechnie s'est considérablement développée, annexant une grande partie des terres et des fermes du comte de La Poype et embauchant une importante main d'œuvre : 3 000 personnes dont 2 000 femmes travaillant à la fabrication d'obus et de munitions de toutes sortes pour la guerre. Et puis, il y avait eu l'arrivée, début 1918, de quelques centaines de Kabyles venus renforcer la main d'œuvre à la Pyrotechnie qui tournait à plein régime. Ils étaient logés de façon précaire dans des baraques construites sur le bord de l'anse de Kerhuon, à l'intérieur de la Pyro. Leurs mains et leur visage devenaient jaunes à force de brasser la mélinite ! L'opération était dangereuse. La mélinite était fondue dans des marmites chauffées au bain d'huile de colza. L'huile, chauffée au feu de bois dans un foyer extérieur, risquait à tout moment de prendre feu dans le local de coulée ! Un jour, des marmites avaient pris feu et ça avait failli mal tourner. On avait conseillé aux ouvriers ainsi qu'aux Kabyles de boire du lait. Et chaque soir, au moment de la traite des vaches, les Kabyles venaient chez nous, à la ferme de Kerdidrun, acheter des bols de lait.* » L'un d'entre eux était appelé *Onézim*.

Soisig se souvenait également de l'arrivée de prisonniers allemands à la pyrotechnie de Saint-Nicolas. « *Ces prisonniers furent employés au terrassement de Kergleuz, c'est-à-dire à la pose de rails sur une voie ferrée en construction, parallèle à la ligne de chemin de fer Paris-Brest. C'est sur ces voies que se formaient les convois de wagons bourrés de munitions qui partaient pour le front. J'allais souvent avec mes frères et sœurs regarder, debout sur un talus, les prisonniers allemands poser les rails. A l'heure du repas, chaque prisonnier venait avec sa gamelle chercher sa ration de nourriture. Ils mangeaient tous dans le même grand pot de soupe. Nous trouvions cela bien triste !* »

La corvée de quartier au camp de prisonniers de Dinan, par Maurice Orange. *L'Illustration*, 1915. Coll. part.

Le travail à la pyrotechnie

Atelier de couture et atelier des gargousses (1918).

Coll. maison des Kerhorres, Le Relecq-Kerhuon.

Haut : Mars 1916, femmes employées à la peinture des obus.

Bas : Préparation des obus de 340 mm, avant le chargement de la poudre explosive.

Coll. ECPAD, droits réservés.

11 - Prisonniers en Allemagne

Les premiers soldats prisonniers en Allemagne sont mentionnés dans le *Kannad* de décembre 1914 : il s'agit de : Etienne Toullec de Kergompez, Maurice-Jean Sidaner du Rody, Yves Page de Penvern, Louis Corre du bourg, Hervé Charetteur du moulin de Coatjestin, Jean Perrot de Penfrat, Yves Morvan de Keraudry et Jérôme Colin du Reuniou « *qui ont enfin donné de leurs nouvelles* ». Mais il faudra attendre juin 1915 pour que le *Kannad* donne plus de détails sur les *soudarded e prizoun* (soldats en prison).

Les premiers prisonniers

La première difficulté est d'obtenir des nouvelles des prisonniers : *Le 11 mai dernier,* L'Ouest-Eclair *faisait savoir qu'il y a en ce moment environ 70 000 soldats prisonniers des Prussiens qui ne pourront pas envoyer la moindre lettre avant la fin de la guerre. En France, il y a autant, sinon plus, de soldats allemands, qui ne pourront pas écrire à leur famille. Selon la convention de La Haye, chaque gouvernement a le droit d'interdire à ses prisonniers d'écrire, si cela lui plaît. Mais, pour rassurer les familles qui vivent dans l'ignorance du sort de leurs enfants, la France a proposé à l'Allemagne de lui faire connaître le nom des prisonniers, sans dire où ils se trouvent ; en échange, l'Allemagne lui donnerait le nom des prisonniers qu'elle détient. Mais l'Allemagne, sans cœur et sans pitié comme toujours, a répondu qu'elle ne le ferait pas.*

Suivent des conseils sur la façon de s'y prendre pour obtenir des informations sur un soldat disparu ou prisonnier, via la Croix-Rouge.

Dans les camps allemands

Témoignages de M. de Marval (Croix-Rouge de Genève) et de Jean-Marie Le Gall, de Plouénan.

Le numéro de mai 1916 apporte des précisions sur le sort des prisonniers : *Sans aucun doute, les témoignages qui nous sont parvenus nous apprennent que la vie des pauvres soldats prisonniers des Prussiens est épouvantable* (spountuz). *Deux nouveaux témoignages sont très éclairants.*

Voici d'abord ce que nous apprend M. de Marval, lieutenant-colonel, docteur en médecine, qui est allé enquêter en Allemagne au nom de la Croix-Rouge de Genève : les prisonniers français, russes, anglais, serbes sont tous entassés par centaines et parfois par milliers dans des logements souvent trop petits pour les accueillir, faits de planches disjointes, qui ne protègent pas la moitié d'entre eux de la chaleur pendant l'été, ni du froid pendant l'hiver. On leur donne à tous la même nourriture (bevans), *très insuffisante pour des gens de leur âge, et si mauvaise qu'elle les dégoûte dès qu'ils essaient de la manger ; la plupart d'entre eux préfèrent avoir faim plutôt que de l'avaler ; ils ne vivent qu'avec le pain et les autres choses qu'on leur envoie de France. Nous, au contraire, avec la générosité que nous avons toujours eue même à l'égard de nos ennemis, nous leur donnions jusqu'à présent de quoi manger à leur faim, de la nourriture de chez eux ; depuis ces dernières semaines seulement, nous avons commencé à traiter nos prisonniers comme ils traitent les nôtres. Nous serions complètement inconscients de continuer à montrer notre bon cœur à des gens qui sont plus cruels que des loups [...]. Nous frémissons d'apprendre le nombre de nos soldats qui vivent dans la misère et qui ont été emportés par milliers par des maladies aussi terribles que le choléra et le typhus. M. de Marval nous dit qu'il y a un cimetière à côté de chaque camp et que, dans l'un d'entre eux, il a compté 4 000 tombes, faites ces 12 derniers mois [...].*

Ecoutez maintenant un autre témoignage, que je vous transcris mot pour mot. A l'hôpital de Saint-Pol, parmi nos malades, nous avons eu pendant quelques jours un soldat qui a bien connu la vie des prisonniers et celle des Boches eux-mêmes, puisqu'il a été prisonnier en Allemagne pendant un an et demi ; il m'a raconté comment il a pu s'échapper de leurs griffes. Il s'agit de Jean-Marie Le Gall, de Plouénan, classe 99, 11e génie territorial. Il a été pris par les Boches au fort de Boussois, près de Maubeuge, le 6 septembre 1914 ; il a d'abord été envoyé à Sennelager, puis à Munster. Il demandait souvent à ses gardiens quand finirait la guerre et qui serait vainqueur. Il a vu une grande différence dans leurs réponses, quelques jours avant le début de la bataille de Verdun et peu après le commencement. Leurs journaux leur avaient fait croire que Verdun serait prise en 5 jours et qu'ils seraient à Paris au bout de 10 jours. Mais, plus ils attendaient, plus les Français résistaient. Leur mine devenait de plus en plus sombre et ils ne comptaient plus sur la victoire : « Nous sommes perdus, maintenant ! » répondaient-ils tous. Nos soldats se réjouissaient de les voir perdre courage. Quant à J.-M. Le Gall, il avait pris la décision de s'évader pour revenir en France : il cherchait la meilleure solution. Il demanda à aller travailler à la campagne ; à la fin, il partit avec 13 camarades dans une ferme située à 5 km de Camen et à environ 80 km de la Hollande.

[...] Dans cette ferme, en plus du maître, il y avait 2 « mousses » et 5 ou 6 femmes. Le maître devait surveiller lui-même les 13 (sic) *soldats, tant qu'ils travaillaient avec lui. La nuit, c'était quelqu'un d'autre qui les surveillait [...]. A la campagne, on ne voyait aucun homme de moins de 50 ans. Les prisonniers n'ont jamais eu à se plaindre des gens de cette ferme : ceux-ci travaillaient comme eux et avaient la même nourriture qu'eux. Ecoutez maintenant quelle était cette nourriture et vous comprendrez quelle différence il y a entre la situation de la France et celle de l'Allemagne : si les Prussiens ne meurent pas encore de faim, il est vrai qu'ils sont contraints de manger une nourriture qui dégoûterait nos animaux. Il y a 5 repas par jour : le matin, des pommes de terre cuites à l'eau ; vers 10 h, de l'eau de glands* (dour mez) *appelée café, sans sucre bien sûr, et en même temps un petit morceau de pain tout noir, qui sent mauvais, fait avec du seigle et de l'orge, mélangé à des épluchures de pommes de terre et à d'autres restes ; à midi, un ragoût de pommes de terre dans leur peau, avec des choux coupés menu ; à 3 h, encore de l'eau de glands avec une petite bouchée de pain ; à 7 h, la même chose qu'à midi. La plupart de nos prisonniers auraient perdu leur santé avec une nourriture si médiocre et si*

atroce (euzuz). *Grâce à Dieu, ils pouvaient recevoir de la maison des colis qui les empêchaient de dépérir sur pied. Il est vrai que les Boches devaient et doivent de plus en plus se contenter de cette pitance* (boued) [...]. *Il y a peu de temps, j'entendais M. le maire de Saint-Pol parler d'un de ses amis, maire d'une commune du Nord, fait prisonnier lui aussi, qui a été libéré il y a deux ou trois mois. Il avait demandé à un officier, qui n'était pas trop méchant, pourquoi ils laissaient les prisonniers mourir de faim ; l'autre lui répondit : « Nous-mêmes, nous ne mangeons ni plus ni mieux que vous ! »*

J.-M. Le Gall ne resta que 14 jours dans cette ferme. Le 2 avril dernier, il réussit à s'enfuir avec deux camarades. Un an plus tôt, à Munster, il avait acheté pour 24 F (deux fois trop cher, mais qu'importe !) une boussole dont l'aiguille était lumineuse, qui devait le diriger sans qu'il ait à demander son chemin. A 9 h du soir, il devait y avoir un appel ; à 9 h moins dix, le gardien, au lieu de surveiller ses prisonniers, était occupé à faire la cour à l'une des filles de la maison ; les trois camarades se glissèrent dans l'étable et, de là, dehors, en passant par la fenêtre ! Ils avaient sur eux leurs habits de prisonniers ; il ne fallait donc pas qu'ils soient vus de qui que ce soit. Mais la nuit était tombée ; ils décidèrent de ne marcher que la nuit, en s'éloignant le plus possible des maisons et des villes. Ils avaient 20 lieues à faire ; leur voyage dura 4 nuits jusqu'en Hollande. Pour leur nourriture, ils avaient mis de côté les derniers colis qu'ils avaient reçus. Le jour, ils restaient cachés dans les bois. Le plus dur fut de passer en Hollande : du côté allemand, il y avait un soldat tous les 150 m, et il leur fallait passer sans être vus ni entendus. En marchant à quatre pattes, ils réussirent à les dépasser. Peu après, ils purent se diriger sans souci vers le consulat de France. Le consul leur fit bon accueil et leur permit de rentrer à la maison en passant par l'Angleterre.

Jamais ils n'avaient autant apprécié la liberté, après les 18 mois qu'ils avaient passés parmi les Boches sans courage !

Prisonniers en Allemagne : au premier plan (pipe), Louis Kermarrec (à Münster ou à Minden).
Coll. M. Kermarrec.

Privations et travail forcé

(Les extraits suivants proviennent de comptes rendus d'anciens prisonniers, conservés aux Archives départementales du Finistère).

Paul Jacolot, de Lanvian : *Dans tous les camps où je suis passé, c'était la même nourriture : de l'orge grillée le matin pour faire le café ; pour dîner, on avait la soupe à l'orge ou des pommes de terre cuites à l'eau ou des pois pour changer des rutas ou des feuilles de betteraves.*

A Munster, j'ai travaillé dans une mine : très mal traité, j'ai été puni 2 fois, j'ai été enfermé dans une cave où on était 25 et c'était en plein hiver ; en février 1916, on nous a enlevé notre capote et on nous a laissés dans cette situation 36 heures sans avoir à boire et à manger ; ils nous ont fait voir des cruautés, ces Boches !

Guillaume Plouzané, de Kerouhant : *Je suis arrivé dans un petit camp appelé Regensburgen en Bavière. On était environ 2 500 prisonniers. Pour la nourriture, impossible d'en pouvoir vivre ; heureusement, on a reçu des colis. Couchage : une paillasse sur la planche avec une couverture. Des corvées, il n'en manquait pas. Jamais je n'ai été maltraité, mais j'ai vu des camarades qui ont pleuré à côté de moi, avec la faim, les coups de bottes et de crosses. J'étais une fois dans une corvée où l'on était 10 prisonniers ; quand la corvée était finie, le misérable Boche qui nous gardait et qui était de 2e classe comme nous nous a fait passer devant lui, chacun notre tour, pour le saluer, sinon on recevait des coups de baïonnette. Ils ne sont que des barbares...*

Etienne Goasduff, de Kerouhant : *Je n'ai pas eu de punitions pendant ma captivité, mais j'ai vu des camarades être frappés à coups de baïonnette et à coups de crosses de fusil : leurs corps avaient noirci par les coups.*

Louis Kervennic, du Rody : « *Très mal nourri : soupe à la betterave ou aux orties ; couchage dans une baraque sur une paillasse ; comme chaussures : des sabots, comme travail : du terrassement et en usine. J'ai été maltraité en 1914 parce que j'allais chercher la soupe pour un camarade blessé ; les Boches m'ont repoussé avec leurs crosses de fusil : 3 mois de représailles. En 1915, je travaillais avec leurs bagnards dans les marais au camp de Wiesmoor.*

En 1914, les Allemands, femmes et enfants, nous faisaient signe, avec des revolvers ou avec des couteaux, qu'ils allaient nous couper la gorge et ils riaient des camarades blessés.

J'ai vu, après l'armistice, des camarades se faire tuer par les Boches, nous n'avons jamais su pourquoi.

Pierre Billant, de Kervao : *Comme nourriture, le matin, un quart d'orge grillée ; à midi, ruta ou betterave avec ou sans sel ; le soir, orge ou petit son. Il y avait avec moi 35 blessés au camp de Wetzlar, dont 18 amputés marchant avec des béquilles. Ils n'avaient qu'une seule couverture pour coucher. Ils ne pouvaient pas circuler dans ce camp, bâti au milieu des marais ; j'étais obligé de les faire porter à dos d'homme à l'hôpital tous les jours pour les pansements. A Mershelde, le 13/08/1918, j'ai vu le général Dony frapper un prisonnier français et un soldat boche donner un coup de baïonnette à un prisonnier russe car, pour avoir à manger, il avait dû prendre de l'eau aux Français.*

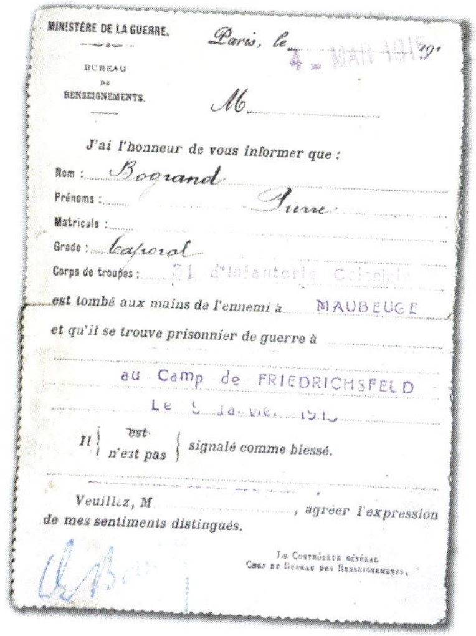

MINISTÈRE DE LA GUERRE.

BUREAU DE RENSEIGNEMENTS.

Paris, le 4 MAR 1915 19

M

J'ai l'honneur de vous informer que :

Nom : Bogrand

Prénoms : Pierre

Matricule :

Grade : caporal

Corps de troupes : 31 d'infanterie coloniale

est tombé aux mains de l'ennemi à MAUBEUGE

et qu'il se trouve prisonnier de guerre à

au Camp de FRIEDRICHSFELD

Le [illegible] 1915

Il ~~est~~ / n'est pas signalé comme blessé.

Veuillez, M , agréer l'expression de mes sentiments distingués.

Le Contrôleur général
Chef du Bureau des Renseignements.

Document officiel d'information sur un prisonnier, adressé à la famille.
Coll. Skol Vreizh.

Yves Baron, du bourg : *Nourriture : un litre de café d'orge ; à midi, un litre d'orge ou betterave ou carotte ou choucroute.*

Comme travail : c'était dur, on faisait des lignes de chemin de fer ou on portait des obus anglais, les Boches les expédiaient en Allemagne.

J'ai reçu 2 colis, 15 jours avant l'armistice : ils ont été pris par les Boches ; il y a des copains qui ont reçu juste le papier qui enveloppait le colis et ont été obligés de signer comme quoi ils avaient reçu le colis.

J'ai aussi été blessé au pied pendant le travail et mes camarades m'ont conduit au camp le soir ; le lendemain, je suis parti à la visite, le major m'a sorti à coups de bottes.

J'ai vu de mes propres yeux un camarade qui avait voulu s'évader au milieu de la nuit et le Boche a tiré 5 coups de fusil ; il avait reçu 5 balles dans la jambe qui était brisée et le Boche est venu l'achever à coups de crosse.

J'ai vu aussi un gosse de 10 ans qui venait nous passer du pain à travers les fils de barbelé : le Boche a eu le culot de tirer sur lui ; il avait reçu la balle en pleine poitrine. C'est triste de voir des criminels pareils !

Jean-Louis Gouriou, Coat Meur : *Supplice du poteau, attaché pendant 6 heures de temps ; 82 jours de cellule, exercice des : Couchez-vous, levez-vous, 105 fois de rang avec 50 kg de sable sur le dos et une infinité d'autres punitions.*

Jean-François Morvan, Forestic : *J'ai passé ma captivité au déchargement des bateaux de minerai de fer pour les hauts-fourneaux. J'ai vu des sentinelles qui, lâchement, frappaient des camarades à coups de crosse de fusil. Pendant que je déchargeais du minerai de fer, ils ont voulu nous faire travailler le métal rougi qui sortait des hauts-fourneaux, mais nous avons tous refusé car, d'après la convention, nous n'étions pas obligés de le faire.*

S'évader

Pierre Jézéquel, Le Vern : *Mal nourri, travail très dur, 8 jours de cellule couché sur le ciment sans couverture pour être possesseur de carte et de boussole. Camp de représailles à Mayenburg : défrichage de marais, belle de 10 jours. Mauvaise impression de ces Boches.*

René Charetteur, les Champs fleuris : *Arrivé au camp de Duffel le 27/08/1914, le 18/10/... à Lanshut, le 20/03/1916 à Puchheim pour travailler dans les marais. Coucher sur la paille. Nourriture : betterave sur betterave et des rutabagas, un peu de soupe d'orge et d'avoine ou de la soupe aux châtaignes, viande de mouton pourrie en conserve, que personne ne pouvait sentir.*

1re punition : 3 semaines de cellule pour évasion (15 jours dehors).

2e punition : 28 jours sans colis ni courrier parce que tout le monde avait refusé d'aller à l'exercice des Boches.

3e punition : 30 jours de cellule, à manger tous les 4 jours pour évasion (12 jours dehors).

4e punition : évasion après l'armistice, après avoir fait 400 km, c'est-à-dire arrivé près de la frontière suisse ;

Formulaire allemand de correspondance. Coll. Skol Vreizh.

Image pieuse remise par les Allemands aux prisonniers français lors de la messe de Pâques. Coll. part.

arrêté par les gendarmes boches et le soir, 4 décembre, conduit dans une prison civile ; tout déshabillé, couché sur le pavé en ciment et le lendemain reconduit au camp de Puchheim.

Dans ce camp, il y avait la peste et la grippe ; il en mourait 20 à 30 prisonniers par jour (Français et Russes). On avait appelé le président des Bavarois pour venir au camp avec des officiers français et, dès le 14/12/1918, les Boches ont commencé à rapatrier les Français ; je faisais partie du 2e convoi.

Les colis venus de Bretagne

A plusieurs reprises, il est question, dans le *Kannad*, de la nécessité vitale que constituent les colis ; ainsi, le numéro de décembre 1916 précise : *Il faut leur envoyer des colis ; les Allemands ne leur donnent pas à manger. Le gouvernement français envoie du pain dans chaque camp, mais seulement du pain. Mais certaines choses ne peuvent pas être envoyées : certaines sont interdites par la France, d'autres par l'Allemagne. C'est pourquoi, il ne faut pas leur envoyer : du pain, des biscuits, de la graisse, du beurre, du suif, de la viande fraîche, des fruits, de la boisson, du coton, du cuir, des allumettes, de l'or, de l'argent, des billets* (mouniz), *des livres ou des journaux qui parlent de la guerre. Vous pouvez envoyer du lait condensé, du fromage dur, des sous-vêtements de toutes sortes, des vêtements de soldats (sans boutons de cuivre), des médicaments à boire ou à avaler, de la teinture d'iode.*

Il existe un comité catholique, à Quimper, qui envoie deux colis par mois par prisonnier : 9 F par mois [...] .

Dans le numéro de mai 1918, le rédacteur insiste sur l'importance du tabac : *En France, le tabac a beaucoup enchéri et souvent, on n'en trouve plus à acheter. Pourtant, le tabac occupe et distrait les prisonniers, et ils sont très fiers de recevoir un paquet. Si vous voulez qu'ils ne manquent pas de tabac, envoyez lettre et argent à l'adresse suivante : M. Burrus, à Boncourt, Suisse.* Suivent les différents tarifs du tabac et des cigarettes, ainsi que le montant des frais d'expédition.

D'autres numéros donnent des nouvelles des prisonniers ; ainsi, celui d'août 1918 : *M. Neildé* (vicaire à Guipavas) *n'a pas encore écrit ; mais il est sûr qu'il se trouve entre les mains des Boches et qu'il n'a subi aucun mal. Alain Jacolot, du Vergez, Goulven Abiven, de Kerbleuniou, Charles Costiou, de Milin ar Pount, René Kerézéon, de Kerebezoum, Jacques Piriou, de Saint-Thudon ont donné récemment de leurs nouvelles. Disons une prière pour chacun d'eux, afin que Dieu leur donne santé et courage jusqu'au jour de la délivrance.*

Propagande et désinformation

Des prisonniers français auraient-ils été libérés massivement ou échangés contre des prisonniers allemands ? Aux historiens de trancher ; l'assurance d'Eucher Corre, dans ce numéro de juin 1918, nous paraît sujette à caution. Qu'on en juge : *Nous sommes maintenant sûrs que les prisonniers qui sont enfermés depuis plus de 18 mois seront bientôt renvoyés chez eux. Il en était question depuis longtemps, mais on avait beau attendre, la France et l'Allemagne n'arrivaient pas à s'entendre. Enfin, un accord a été trouvé et, sans aucun doute, d'ici quelques mois tout au plus, nous verrons la fin du martyre de nos pauvres amis.*

Aujourd'hui, j'ai le plaisir de pouvoir vous dire comment les choses vont se dérouler : vous comprendrez aisément qu'ils ne vont pas revenir tous en même temps, étant donné qu'on a besoin de la plupart des wagons pour la guerre ; il y aura un train tous les 3 jours, et chaque train ramènera 700 prisonniers, ce qui fait 7 000 par mois. Mais, en août et septembre 1914, 40 000 soldats ont été faits prisonniers : ainsi, rien que pour eux, il faudra 6 mois. On commencera par ceux qui ont été pris les premiers, sans tenir compte ni de leur âge ni de leur situation de famille.

Une fois qu'ils seront rentrés en France, que fera-t-on de ces prisonniers ? [...] *Ils continueront à être soldats, mais pas comme avant. Ils bénéficieront d'abord d'un mois de permission : ce n'est pas beaucoup, mais ils ne se plaindront pas, tellement ils seront fiers de retrouver leur famille. Après cette permission, ils devront se présenter devant une commission, qui prendra une décision : soit les réformer, soit les garder dans le service armé ou dans le service auxiliaire. Quelle que soit la décision, ils ne seront jamais envoyés au front, ni même près du front ; ils seront envoyés à l'intérieur du pays ou dans les colonies, où ils seront affectés dans des usines ; ainsi, ils ne seront jamais plus en danger. Ceux qui bénéficieront d'un sursis rentreront bien sûr chez eux.*

Que s'est-il passé réellement ? Des fausses rumeurs ont-elles circulé ? Il y a sans doute eu des pourparlers entre belligérants pour la libération de prisonniers (sous l'égide du Vatican ?) ; mais l'enthousiasme du rédacteur semble avoir été pour le moins prématuré...

Camp de prisonniers d'Altengrabow.
Coll. part.

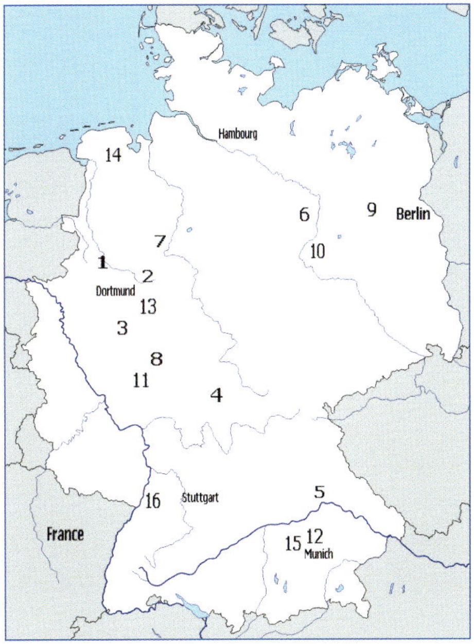

Les 16 camps d'Allemagne, dans lesquels les prisonniers guipavasiens (environ 80) ont été détenus :

1. Münster
2. Sennelager
3. Siegen
4. Hammelburg
6. Stendal
7. Minden
8. Giessen
9. Dobentz
10. Altengrabow
11. Wetzlar
12. Landshut
13. Meschede
14. Wiesmoor
15. Puchheim
16. Rastatt

Réalisation : Daniel Léal.

12 - Le fiasco de l'expédition des Dardanelles, en 1915 - Le front d'Orient

Winston Churchill, premier lord de l'Amirauté, propose une expédition navale franco-britannique pour frapper le maillon faible des Empires centraux et rétablir la liaison maritime par les détroits du Bosphore et des Dardanelles, afin d'établir une voie d'accès avec notre allié russe. 14 bâtiments anglais et 4 croiseurs-cuirassés français : le *Suffren*, le *Bouvet*, le *Gaulois* et le *Charlemagne* furent engagés dans la bataille. Le bombardement des forts défendant les Dardanelles commença le 19 février 1915 pour protéger le débarquement des troupes britanniques. Mais cette expédition échoua devant la forte résistance de l'armée turque.

Deux marins guipavasiens appartiennent à l'équipage du *Suffren*, commandé par l'amiral Guépratte lorsque, le 18 mars 1915, la flotte franco-britannique lance l'attaque contre les bastions turcs. Le *Suffren* est gravement endommagé par l'artillerie ennemie. Il doit se rendre à Malte pour des réparations. Après avoir participé, le 27 avril, aux opérations de débarquement d'un corps expéditionnaire dans la presqu'île de Gallipoli puis à Salonique, alors qu'il fait route vers Lorient pour se ravitailler, le *Suffren* est torpillé, le 26 novembre 1916, par un sous-marin allemand au large des côtes portugaises. Les dégâts infligés aux

Le croiseur cuirassé *Suffren*, commandé par l'amiral Guépratte, surnommé "Crache-feu".
Coll. part.

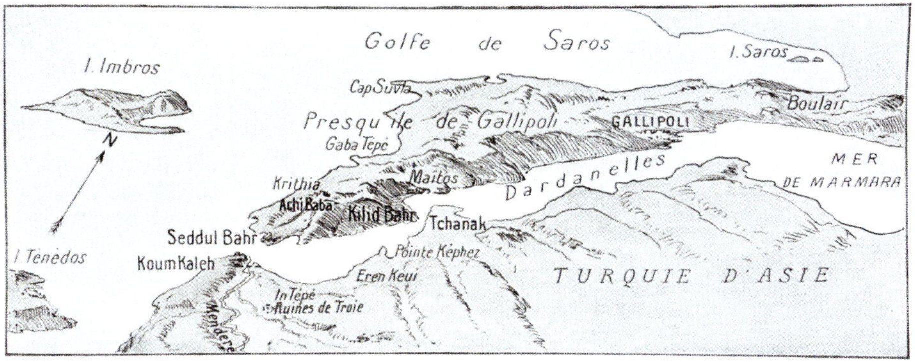

Dardanelles ne lui permettent pas de naviguer au-delà de 10 nœuds et il est sans escorte au moment de l'attaque. Le *Suffren* coule en l'espace de quelques secondes, emportant par le fond ses 648 membres d'équipage parmi lesquels figurent Pierre Savina, quartier-maître, habitant Kergavarec Poul ar Velin et Alain Madec, second maître, domicilié à Poul ar Feunteun. Le 18 mars 1915, le *Bouvet* a également été endommagé dans la bataille des Dardanelles en heurtant une mine mouillée par un patrouilleur turc après que l'ordre de retrait eut été donné. L'explosion est terrible et, en une minute, le *Bouvet* coule, emportant avec lui la plus grande partie de ses 700 hommes d'équipage dont 4 marins originaires de Guipavas. Ce drame est durement ressenti dans tous les ports bretons. En souvenir, une rue de Brest porte le nom de ce bâtiment. Au vu des pertes du 18 mars, avec 6 cuirassés coulés ou hors de combat, les Alliés suspendent l'opération navale.

Les Allemands et Austro-Hongrois décrètent la guerre sous-marine à outrance ; les marins alliés connaissent l'angoisse des mines et des torpilles. Charles Mailloux est quartier-maître à bord du *Léon Gambetta*, un autre croiseur-cuirassé français impliqué, avec 3 autres navires, dans la surveillance et le blocus de l'Adriatique ; dans la nuit du 26 au 27 avril 1915, il est torpillé par un sous-marin austro-hongrois. Ce navire, construit aux chantiers navals de Brest, est atteint par 2 torpilles, plongeant les marins dans le noir le plus complet et les bloquant à l'intérieur. En 20 minutes, le navire coule au fond de l'Adriatique : plus de 600 marins, dont Charles Mailloux, périssent ; ce dernier habitait au bourg. Les corps n'ont jamais été retrouvés.

Le matelot François Floc'h du bourg et le quartier-maître Joseph Le Roux, de Keranna, faisaient partie des 427 marins morts au large de Beyrouth, le 8 février 1916, suite au torpillage, par un sous-marin allemand, de l'*Amiral Charner*, un croiseur-cuirassé chargé d'effectuer du transport et de la surveillance au sud-est de la Méditerranée. Il n'y eut qu'un seul survivant. Les chalutiers militarisés ont également été largement utilisés au cours de la Première Guerre mondiale. Le second maître Louis Pochet était membre de l'équipage du chalutier *Stella* lorsque ce bateau sauta sur une mine le 4 octobre 1917. D'autres marins furent victimes de terribles accidents. Ce fut le cas du quartier-maître Jules Jestin, de Poul-ar-Velin, l'un des 87 naufragés du torpilleur *Casabianca* qui coula le 3 juin 1915, victime de l'explosion d'une des mines qu'il avait mouillées dans le golfe de Smyrne.

Canonnade du cuirassé *Henri IV* sur les batteries turques des Dardanelles. *L'Illustration*, 1915.
Coll. part.

Le premier maître Auguste Mézou, mort aux Dardanelles sur le cuirassé *Bouvet*.
Coll. part.

Le quartier-maître Claude Bernicot (1893-1944). Coll. part.

Des marins engagés sur le front d'Orient parlent de leurs conditions de vie dans les lettres publiées dans *La Voix du Pays*. Voici celles du quartier-maître manoeuvrier Claude Bernicot, qui se trouvait à Salonique (Grèce) où un autre front avait été ouvert fin 1915 après l'abandon du projet des Dardanelles : *Voilà bientôt 20 mois que je suis ici, à Salonique, sans avoir pu voir un soldat de Guipavas. J'ai su par mes sœurs qu'Antoine Jézéquel était dans ce pays, mais il doit être au front. Nous sommes ici 7 à 800 marins faisant le métier de docker, déchargeant des cargos du matin au soir et transportant le matériel destiné à nos poilus. Nous en mettons un bon coup, quand il faut ; et il le faut souvent !*

Seconde lettre : *Voici 26 mois que je suis à Salonique, et il n'y a pas moyen d'y décrocher une permission. Que voulez-vous, cela dégoûte les gens ! Après avoir fait 2 ans dans une équipe de déchargement, comme permission, on m'a embarqué sur un dragueur de mines !*

Au total, 30 marins de Guipavas sont morts pour la France pendant la Grande Guerre. L'un d'entre eux, François Mezou, de Kerlécu, perdit la vie 13 jours après la signature de l'Armistice en ramenant un chalutier militarisé commandé au Canada. En effet, après avoir quitté Sunder Bay pour la France à bord de l'*Inkerman* en compagnie du *Sébastopol* et du *Cérisole*, ce navire disparut le 24 novembre 1918, dans un ouragan sur la lac Supérieur (USA). On attribua ce naufrage à un problème lié à la stabilité du bateau.

Même si c'est moins connu, le front des Balkans (Turquie, Grèce, Albanie, Bulgarie) a connu lui aussi, pendant la guerre de 14-18, de durs combats terrestres. Voici quelques témoignages :

Lettre de Jean Auffret, Kergompez, *La Voix du Pays* de décembre 1917 : *Je vous assure que le temps n'est pas bien gai. Nous allons passer Noël et le premier de l'An dans les tranchées. Ce soir, nous avons eu un petit coup de Trafalgar avec les Bulgares et nous avons ordre de rester debout dans la tranchée toute la nuit, sans quitter l'équipement ; mais je pense qu'ils vont nous laisser tranquilles. Quel plaisir j'ai eu d'avoir* La Voix du Pays *et avec quelle joie je l'ai lue et relue toute la nuit ! Je vous envoie un billet de cent sous pour elle et pour la messe du poilu. Je termine en vous embrassant bien fort.*

Lettre d'Yves Lavanant, Goaremvors, *La Voix du Pays* du 1er mars 1918 : *Pour moi, pas de changement. Je suis toujours perdu dans ces malheureuses montagnes d'Albanie, où je ne rencontre personne qui soit du pays. Notre secteur pour le moment est calme, mais le travail ne manque pas, de nuit aussi bien que de jour, car nous avons relevé les Russes, et Dieu sait dans quel état ces gens-là nous ont laissé le secteur ! L'ennemi connaissait toutes les positions, car ils fraternisaient déjà avec lui depuis longtemps.*

Seconde lettre d'Yves Lavanant, *La Voix du Pays* du 1er novembre 1918 : *Serez-vous surpris que le cafard nous prenne parfois, perdus que nous sommes au fin fond de l'Albanie, où il n'y a que montagnes et précipices ? Aussi les nouvelles du pays, si courtes soient-elles, sont accueillies avec joie. Le soir, au coucher du soleil, nous apercevons tout au loin un petit coin de l'Adriatique : quand la traverserons-nous encore, pour rejoindre définitivement la belle terre de France ?*

13 - L'odyssée d'Alexis Pulhuen

Le convoi, aquarelle de Henri Gervèse, peintre et officier de marine, qui a combattu aux Dardanelles.

1914-1918. La Grande Guerre vécue-racontée-illustrée par les combattants, t.2, éd. A. Quillet, Paris, 1922.

Coll. part.

Alexis Pulhuen a vu le jour le 24 novembre 1887 dans le café que sa mère tenait au coin de la place Saint-Herbot.

A l'âge de 15 ans, Alexis s'engage comme mousse dans la Marine, *la Royale* comme on disait alors. En 1912, la famille Pulhuen s'installe dans l'anse de Kerhuon, où Mme Pulhuen a repris un café-restaurant ouvrier, en face de Saint-Nicolas. Le père travaille comme employé municipal au Relecq-Kerhuon.

A la déclaration de guerre, Alexis a 27 ans. Son frère Yves, matelot canonnier, a péri en mer à l'âge de 19 ans : son bateau, le cuirassé *Léon Gambetta*, a été coulé dans l'Adriatique. Depuis 3 ans, la guerre fait rage sur terre et sur mer. Mais l'année 1917 est décisive à double titre en raison des révolutions en Russie et de l'entrée en guerre des États-Unis d'Amérique aux côtés de l'Entente. Les soldats américains débarquent par centaines de milliers à Brest et vont renforcer les troupes françaises, anglaises et belges, épuisées et décimées. De plus, les États-Unis accordent une aide matérielle importante aux Alliés. C'est ainsi que le second maître Alexis Pulhuen est chargé de ramener de New-York, avec une escadre française, un petit bâtiment, chasseur de sous-marins, de 60 tonnes, construit aux États-Unis. Le second maître timonier Alexis Pulhuen, patron du SCES, appareille de Bock Yard aux Bermudes le 7 janvier 1918 à 8 h en même temps que les chasseurs des 4e et 5e escadrilles. Il prend la ligne de file derrière le S 134 et fait route pour rallier les remorqueurs.

Mais rien ne se passera comme prévu. Son autre frère, Nicolas Pulhuen, forgeron à Coataudon et mobilisé lui aussi apprendra même, par *La Voix du Pays*, au camp de Mailly où il est affecté comme maréchal-ferrant, que son frère Alexis est déclaré perdu en mer.

Voici les détails de la traversée que le second maître Alexis Pulhuen, patron du navire, a consignés dans son rapport. À peine sont-ils partis que le chasseur de sous-marins, remorqué par un convoyeur, le *Penobscot*, est assailli par un vent violent ; il voit son bout de remorquage se casser. À grand-peine, une nouvelle remorque lui est passée, mais la tempête devient de plus en plus violente et, le 12 janvier, la vedette est livrée à elle-même. Pulhuen fait marcher les moteurs, mais ils fonctionnent mal. Le 13, ils ont une avarie sérieuse, difficilement réparée. Le 15, le convoi est définitivement perdu de vue ; alors commence la navigation extraordinaire de ces 18 hommes, seuls au milieu de l'Atlantique. Les signaux de détresse ne reçoivent aucune réponse. La TSF est inutilisable. A deux reprises, il fait tirer une salve de 6 coups de canon, mais aucun bateau ne vient à son secours. La provision d'huile de graissage est bientôt épuisée. Pulhuen la remplace par de l'huile de cuisine, mais il y en a peu à bord et il faut en réserver une partie pour la pompe qui doit vider les cales envahies par l'eau. Leur bateau fait eau dans les coutures du bordage. Le lendemain, le chasseur se met à dériver sur l'océan au gré du vent et des courants, sans possibilité de faire le point. Pulhuen rationne alors les vivres, l'eau, douce surtout ; puis il fait confectionner des voiles de fortune avec des nappes, des draps, des couvertures... Le 26 janvier, le charbon de cuisine est épuisé. De nombreux paquets de mer, embarquant par l'arrière du navire, ont fait passer par-dessus bord 400 kg de charbon et 8 caisses de gazoline ! La table du poste arrière est démolie, la vaisselle en faïence à moitié brisée. Ce n'est que le 18 février qu'ils aperçoivent la terre. Ils échouent à La Horta, dans l'archipel des Açores, avec l'équipage au complet. Pulhuen se rend aussitôt chez le consul de France pour aviser Marine-Paris.

Dans son rapport, Alexis Pulhuen rend un vibrant hommage à ses hommes qui ont été remarquables de discipline et d'endurance. Dans une autre lettre datée du 9 juin 1918 qu'il adresse à Eucher Corre, Alexis revient sur les péripéties de ce voyage dans une mer en furie : *Je suis au Havre... Je commande maintenant la vedette que je suis allé prendre à New York et dont je vous ai parlé jadis. J'ai eu fort à faire pour traverser l'Atlantique avec ce joujou, mais j'ai réussi tout de même. Mon chef d'escadrille n'a pas eu la même chance : il a péri corps et biens. Quelques hommes des autres vedettes ont été enlevés aussi par la mer. Je suis resté 34 jours au milieu de l'océan, sans moyen de propulsion d'aucune sorte, abandonné lâchement par le remorqueur américain !*

Cette incroyable traversée de l'Atlantique, Alexis l'avait souvent racontée à ses enfants. Ses deux filles, qui résidaient au Relecq-Kerhuon, étaient encore toutes émues en parlant de cette vieille histoire : « *Notre père nous avait raconté qu'il avait lancé des SOS. Mais aucun navire ne s'était rapproché de son chasseur de sous-marins en perdition. Avec ses voiles de fortune, on l'avait pris pour un bateau pirate ou un navire ennemi camouflé ! Il disait aussi que, lorsqu'ils avaient échoué aux Açores, ils avaient été fêtés dignement. On leur avait donné du tabac et des cigares, de la nourriture à volonté, des ananas et même une chèvre, qui allait devenir la mascotte de l'équipage !* » Jeanne conservait avec fierté le journal de bord que son père Alexis avait tenu. Pour son courage et son sang-froid, Alexis Pulhuen fut promu au grade de maître timonier et décoré de la médaille militaire.

14 - L'Argonne

Argonne, 1915.
L'Illustration.

Lettre de M. Madec, curé du Relecq-Kerhuon, mobilisé dès le premier jour de la guerre, comme aumônier au 2e régiment colonial de Brest, au sein duquel il y avait beaucoup de Bretons. Cette missive qu'il adresse à Eucher Corre nous raconte comment un soldat a tenté de sauver son camarade sur le champ de bataille.

Le bois d'Argonne, 6 janvier 1915

J'aurais voulu vous écrire plus tôt pour vous parler de François Roudaut de Kerdaniou et de son camarade, Louis Loriant de Kersaint, tous deux morts sur le champ de bataille. Mais il m'a fallu du temps pour savoir quand, comment et pourquoi ils étaient tombés au champ d'honneur.

Pendant le combat du 31 octobre au 3 novembre 1914, vous pouvez penser que ces deux pauvres hommes ont été secoués. Huit jours avant, ils avaient quitté un petit bourg nommé Cuperly, près de Châlon, où stationnait leur régiment, tellement fatigués par les combats de la Marne. Il fallait qu'ils se refassent une santé pour se remettre en état de faire face, à nouveau, à l'ennemi. Je n'ai pas eu le bonheur de les revoir alors. Mais je sais qu'ils ont eu le plaisir, avant de se remettre en marche, d'avoir une grand-messe chantée par un prêtre soldat des Côtes-du-Nord.

Quelque temps après, ils sont partis en direction du grand bois d'Argonne, là où tant de sang a coulé il y a quatre mois. Quand la nuit vint, ils purent se glisser en silence dans leur tranchée, percée dans une colline et

Offensive française en Champagne, *L'Illustration*, 27 mars 1915. Coll. part.

bien cachée par le bois. Là, ils n'étaient pas à plus de 30 mètres des Prussiens et ils entendaient, à tout instant, crépiter à leurs oreilles les coups de canons et les coups de fusils. Ils voyaient aussi tomber, au milieu d'eux, dans un fracas épouvantable, des tas d'obus et de grenades. Dans un tel vacarme et avec, en plus, le froid qui sévissait, ils ne pouvaient pas fermer les yeux pour dormir, ni la nuit ni le jour. Mais aucun ne se plaignait et, avec une force de cœur que montrent toujours les soldats bretons, ils ont défendu jusqu'à la mort ce coin de terre de France.

Le 3 novembre 1914, aux premières lueurs de l'aube, leur chef leur donna l'ordre de mettre la baïonnette au canon et d'assaillir les Prussiens. Dès que les coups de fusils commencèrent à crépiter sur eux, François Roudaut, de Kerdaniou, fut l'un des premiers soldats français à attraper un coup qui lui traversa les deux jambes. Aussi bien qu'il put, il se glissa jusqu'à un arbre qui se trouvait à proximité et chercha à panser ses membres pour empêcher le sang de couler abondamment.

Lorsque, de sa tranchée, Louis Loriant, le vit le premier tomber, il bondit à son secours pour le mettre en sûreté, malgré le risque qu'il encourait. En rampant et du mieux qu'il put, il alla sur l'herbe et les feuilles sèches, mais les tirs de Prussiens firent tout de suite du bruit autour de lui et il fit très vite marche arrière. Louis Loriant cependant s'était mis en tête qu'il devait aller coûte que coûte jusqu'à son camarade. Son capitaine montra aux autres soldats le courage et la hardiesse dont il venait de faire preuve, mais interdit fermement à tous de sortir de la tranchée parce qu'ils auraient été sûrs d'être abattus par un tir ennemi. Les soldats approuvèrent leur officier. Mais Louis Loriant n'a écouté ni son officier ni ses camarades ; pour la deuxième fois, il chercha à ramper jusqu'à son très cher ami, François Roudaut. Mais il ne fit pas plus de cinq mètres, une balle le frappa au plein milieu du front et le fit tomber net mort. De toute manière, il serait arrivé trop tard, François Roudaut, ayant perdu tant de sang, était déjà mort.

Et voilà comment ils sont tombés tous les deux sur le champ de bataille. Leurs épouses, leurs enfants, leurs parents et amis verseront sur eux pendant longtemps des larmes de tristesse. Et maintenant, les corps de ces deux amis sont étendus, l'un à côté de l'autre, sous les grands arbres du bois de la Gruerie en Argonne…

15 - Le docteur Vourc'h (1885 – 1964), un héros des deux guerres :

Antoine Vourc'h était né en 1885 à la ferme de Kermeur Saint-Yves à Guipavas (quartier du Douvez). Il fit ses études au collège Saint-François de Lesneven, où il acquit une solide culture classique (latin et grec). De plus, il parlait très bien le breton. Il n'était pas courant, en 1900, qu'un fils de ferme fît autant d'études. Après avoir obtenu son baccalauréat, il entra à Santé navale à Bordeaux. Antoine Vourc'h était, comme beaucoup de Léonards, très croyant, et était sensible aux idées sociales du *Sillon* de Marc Sangnier. Il fréquentait beaucoup son cousin, Jean-Marie Guéguen, recteur de la basilique du Folgoët, fils du maire de Guipavas. En 1910, il prépara une thèse sur les guérisons miraculeuses de Lourdes. Mais, comme on sortait des débats vifs et passionnés qui avaient abouti à la séparation de l'Eglise et de l'Etat, son directeur ne prit pas le risque de présenter cette thèse. Antoine Vourc'h dut alors passer de nombreuses nuits blanches à plancher sur un sujet plus classique...

Son fils Yves racontait qu'un jour le docteur Vourc'h, passant en char à bancs par Plomodiern pour se rendre au pardon de Sainte-Anne-la-Palud, fut séduit par le paysage grandiose de Lestrévet. Il décida alors d'aller frapper à la porte du notaire, qui était également le maire de la commune ; c'est ainsi qu'il s'installa comme médecin à Plomodiern, en 1911. Plus tard, en 1918, il épousera la fille du maire. Quand sonna le tocsin de la guerre, il fut mobilisé comme médecin militaire au 19e RI de Brest. Son grand courage et son énergie à soigner, du mieux qu'il pouvait, les blessés sur les champs de batailles lui valurent la Croix de guerre avec palmes. En première ligne, apportant les premiers secours, il fut lui-même blessé à Verdun puis trépané. En 1916, le docteur Vourc'h fut nommé chevalier de la Légion d'honneur. Il terminera la Grande Guerre comme médecin capitaine.

Pendant la guerre de 39-45, le docteur Vourc'h entra rapidement en Résistance. Ses deux fils aînés, Guy et Jean, gagnèrent l'Angleterre en octobre 1940 avec quatre compagnons. C'est chez lui que fut fondé le "réseau Johnny" par Robert Alaterre en 1941. Le docteur Vourc'h et son épouse réussirent à échapper à la Gestapo. Après la Seconde Guerre mondiale, il sera élu député à l'Assemblée nationale constituante (1946), puis sénateur en 1948. Cet homme de cœur, au caractère bien trempé, est mort en 1964.

Le médecin capitaine Antoine Vourc'h (1885-1964). Coll. part.

16 - L'enfer de Verdun

En 1916, le général Pétain repousse la violente attaque allemande à Verdun en aménageant la « Voie sacrée », qui permet d'acheminer des milliers d'hommes, du matériel et des munitions.

Lorsque l'on évoque cette terrible bataille, on parle de « l'enfer de Verdun ». En effet, depuis le début de la guerre de position, les Allemands sont arrêtés. En 1916, à Verdun, ils veulent avancer coûte que coûte. Ils attaquent par surprise le 21 février, amenant des centaines de milliers d'hommes et des quantités énormes de canons. Un million d'obus sont tirés durant la première journée. La supériorité de l'artillerie allemande et la prise des forts de Vaux et de Douaumont placent les Français dans une situation très difficile jusqu'au mois d'avril. Pendant des mois, le sol tremble sous les bombardements. La puissance de feu est telle qu'une colline proche de Verdun, la cote 304, perdra 7 mètres de hauteur ! Il semble qu'il n'y ait plus rien de vivant dans les tranchées. Mais, dès que les Allemands se lancent à l'assaut avec leurs lance-flammes, des poilus se dressent et les repoussent à coup de grenades. L'effort allemand faiblit après juin. 270 000 soldats français sont morts pour Verdun ; l'armée allemande a perdu 240 000 hommes.

Lettre de Jean-Louis Laurent, Menez Meur, 202e régiment d'infanterie, dans *La Voix du Pays* de décembre 1917 : *J'ai reçu hier le* Kannadig *mais pas encore* La Voix du Pays *et cependant on me la demande de tous les côtés. Rien ne nous remonte mieux le moral que toutes ces nouvelles du pays. Je ne vous ai pas répondu la dernière fois,*

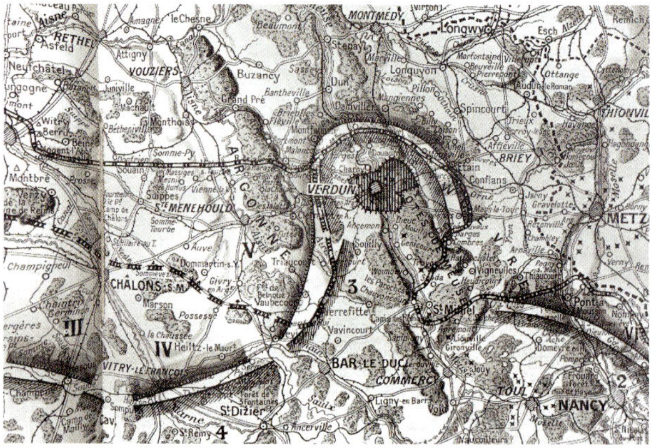

parce que nous étions dans un secteur bien agité, le mont Cornillet. Un beau matin, les Allemands ont essayé de nous attaquer, mais on les attendait et, à peine étaient-ils sortis de la tranchée, que notre tir de barrage s'est déclenché, leur infligeant de lourdes pertes. A force de chercher, j'ai pu découvrir la tombe de mon camarade Pierre Kerjean, qui est enterré à Prosnes. J'ai cueilli quelques fleurs pour en faire un bouquet et j'ai dit en même temps une bonne prière. A présent, nous sommes à Verdun et ce soir, nous prenons les tranchées. C'est triste de voir les camarades qu'on relève : ils sont pleins de boue depuis les pieds jusqu'aux oreilles.

Lettre de Jean-Louis Laurent dans *La Voix du Pays : Ce ne sont pas les souffrances qui nous ont manqué. J'étais au bois de Chaume à Verdun. Nous avions de la boue jusqu'à la ceinture. Il ne restait plus une tranchée, il n'y avait que des trous d'obus ; avec cela, l'artillerie donnait tout le temps. Il y avait attaques et contre-attaques jour et nuit. Mais, une fois qu'on est sorti, c'est vite oublié. Je me trouve très bien à l'hôpital, mes pieds gelés sont guéris et je compte aller en permission à Guipavas dans 20 jours au cours de décembre : ainsi, j'aurai le plaisir de*

passer les fêtes de Noël et le premier de l'An chez nous.

Lettre de Job Michel, de Kerellec : *Toujours à Verdun où la consigne est toujours la même : « On ne passe pas, envoyer et recevoir. » Tel est le mot d'ordre qu'un général est venu nous rappeler les jours derniers. Mais ce qui nous rend de mauvaise humeur, c'est que nous n'avons pas touché l'indemnité de combat en même temps que le prêt, alors qu'on la touche partout ailleurs et que nous la touchions nous-mêmes l'an dernier, toutes les fois que nous étions en position !*

Lettre d'Hervé Colin, de Kervao : *Je suis en réserve depuis 8 jours au fort de Douaumont dont j'avais souvent entendu parler. Jamais je n'ai vu un terrain tourné et retourné comme celui-ci. Pas un coin de terre qui soit intact, les trous d'obus se touchent, plus profonds les uns que les autres. Les Allemands font souvent des coups de main, avec des bombardements, mines, et des obus à gaz asphyxiant. L'un de ces jours, je monte en première ligne : ce sera dur sûrement, mais c'est bien notre tour. Vous direz une petite prière pour moi à Notre-Dame du Reun !*

Verdun : le ravin de la mort (carte postale).
Coll. part.

Tranchée de Calonne, juin 1915.
L'Illustration. Coll. part.

17 - Bataille de la Somme ; le commandant Boënnec

Photo de mariage du commandant Boënnec avec la Guipavasienne Eugénie Kermarec.

Le commandant Boënnec, son épouse et leurs deux enfants à Madagascar.

Coll. part.

Pour soulager le front de Verdun, les Alliés tentent de briser les lignes allemandes dans la Somme. Les Britanniques utilisent une nouvelle arme : le char d'assaut. Mais, après 5 mois de bataille et l'engagement de trois millions de soldats, les Alliés n'ont avancé que de 8 km. La bataille de la Somme a fait en tout près d'un million de morts. C'est au cours de ces combats que s'illustra le commandant Boënnec.

Guillaume Boënnec était né en 1873 à Coray, dans le sud-Finistère. Il vécut une partie de son enfance au bourg de Guipavas dans une maison proche de la mairie, transformée ensuite en auberge. Son père était gendarme puis receveur buraliste. Guillaume Boënnec entra d'abord dans les enfants de troupe. Plus tard, il épousera une Guipavasienne, Eugénie Kermarec.

Engagé volontaire à 18 ans en 1891, au 2e zouave d'Oran, il suit les cours de l'Ecole militaire de Saint-Maixent ; après avoir servi deux ans au 41e régiment d'infanterie de Rennes comme sous-lieutenant, il passe en 1899 dans l'infanterie coloniale, est promu au grade de capitaine en 1909. Il fait de longs séjours aux colonies. Il est à Madagascar avec sa femme, son jeune fils Guy et sa fille Madeleine, quand la guerre éclate : « *Le commandant Boënnec était un personnage, un militaire dans l'âme ; il était également très religieux et très*

croyant. » Dans l'hommage qu'il lui rend, Eucher Corre ajoute ceci : « *Quand il séjournait à Guipavas, sur une semaine, il s'en allait rendre visite à Notre-Dame du Reun et le dimanche, il assistait à la messe, à l'église sur le premier rang, si bien que la supérieure de nos religieuses, la pieuse bonne mère, avouait qu'elle se surprenait parfois à l'admirer, au lieu d'être toute à ses prières.* »

En août 1915, le commandant Boënnec quitte Madagascar et part pour le front ; il est chef de bataillon au 2e régiment colonial. Il se distingue à plusieurs reprises par ses « *belles qualités de chef militaire* » en regagnant du terrain perdu sur l'ennemi ou en repoussant des contre-attaques. « *Cet homme de cœur et de devoir était à la fois prudent, sachant ménager le sang de ses soldats et d'une bravoure légendaire quand le devoir le lui commandait.* » Ce comportement lui vaudra cinq citations à l'ordre de l'Armée ainsi que la Légion d'honneur. Le colonel Philippe, chef de corps du 2e colonial nous dépeint aussi le commandant Boënnec, deux fois blessé, en avril et en août 17, comme un officier très proche de ses hommes, « *les voyant fréquemment dans leurs tranchées de première ligne, de nuit aussi bien que de jour, par les journées froides et pluvieuses d'hiver rendant pénible, à cause de la vase profonde, la circulation dans les boyaux et tranchées, aussi bien par les matinées ensoleillées d'un radieux printemps, s'intéressant à leur vie intime, leur parlant amicalement, ayant pour chacun d'eux une parole réconfortante.* »

En avril 18, dans une des lettres qu'il écrit, le commandant Boënnec fait l'éloge de ses hommes : *Depuis longtemps, nous n'avions pas subi un tel ouragan de feu. Nous étions dans la boue jusqu'aux genoux, boue froide dans laquelle nous étions comme englués. L'homme souffrait dans sa chair. Il fallait tenir, c'était la consigne. Nous avons été attaqués, nous avons tenu jusqu'au dernier jour ; et ce n'est qu'après la relève, service terminé, qu'un certain nombre ont constaté qu'ils avaient les pieds gelés.* Il écrit à nouveau le 26 juillet 1918 à son ami prêtre, Eucher Corre : *De toute part, le front s'allume et, de notre côté aussi, nous n'avons pas chômé. Le dieu des armées nous a été favorable et Notre-Dame du Reun a protégé vos paroissiens. Nos troupes de la Marne ont surtout été admirables. Chaque jour, c'est un ou plusieurs villages reconquis et des hectares de forêts et de bonnes terres de France repris aux envahisseurs. Tous les Alliés sont unis pour la grande poussée. Nous ne les laisserons plus tranquilles !*

Les premiers chars d'assaut apparurent en septembre 1916, à la bataille de la Somme (carte postale). Coll. part.

Au moment des grands combats, le commandant Boënnec (comme beaucoup de soldats de chez nous) recommandait à son épouse d'aller prier pour lui Notre-Dame du Reun ou la remercier de l'avoir protégé lorsqu'il sortait indemne d'un combat.

Le commandant Boënnec est tombé au champ d'honneur 3 mois et 3 jours avant la signature de l'armistice. Voici le récit que fit son adjoint le capitaine Klepper : *Le 8 août, le 2e colonial recevait l'ordre de se porter à l'attaque dans la Somme (ce jour-là, c'était le commandant Boënnec qui dirigeait le régiment, le colonel Philippe était en permission). Dans l'après-midi, la progression du 2e colonial était arrêtée par des nids de mitrailleuses dissimulés dans les bois. A la tombée de la nuit, le commandant Boënnec donne l'ordre de s'emparer de ces bois et se porte lui-même aux côtés du chef de bataillon chargé de cette attaque, pour l'aider de ses conseils. L'opération réussit pour le mieux ; à sa science militaire, le commandant Boënnec joignait un ascendant tel sur sa troupe que pas un de nos hommes ne l'eût suivi n'importe où, quel que soit le danger. Il revenait heureux de cette journée glorieuse pour le régiment ; la dernière parole qu'on l'entendit prononcer fut celle-ci : « Et maintenant avant de rentrer, je vais aiguiller le bataillon B... » Mais l'ennemi avait reconnu le chef. Des mitrailleuses allemandes, tenant encore dans un boqueteau que l'on croyait entièrement nettoyé, le guettaient c'est ainsi que le commandant Boënnec tomba au combat au soir de la bataille, sur les bords de l'Avre, cette rivière de Picardie qui se jette dans la Somme en amont d'Amiens. Nous lui avons rendu les honneurs, à côté du village de Neuville-Sire-Bernard.* La mort du commandant Boënnec, enterré au cimetière militaire de Louvrechy, fut durement ressentie par les hommes et les officiers du 2e colonial.

Offensive franco-anglaise dans la Somme : la relève aux tranchée de la 1re ligne nouvellement reconquise. Coll. part.

18 - Lanrus, base aéronavale de ballons dirigeables

La guerre de 14-18 fut le point de départ de l'aviation à Guipavas avec la création d'un centre de ballons dirigeables de la Marine sur les landes de Lanrus, à l'emplacement de l'actuel aéroport Brest-Bretagne. Ces dirigeables furent de sérieux adversaires pour les sous-marins allemands : en effet, les dirigeables, utilisés dès le début de la guerre sur le front de l'est et du nord par l'armée de terre pour surveiller et attaquer l'ennemi, étaient trop souvent détruits par les tirs allemands. En 1916, les autorités militaires décidèrent de réorienter leurs missions en créant, sur le littoral, de véritables aérostations confiées à la Marine pour surveiller les côtes, protéger les convois de navires américains contre les sous-marins allemands qui avaient déjà coulé plus de 300 navires sur le littoral breton.

Ballon dirigeable (carte postale). Coll. part.

Par *La Voix du Pays*, les combattants guipavasiens apprirent sur le front que, le 1er août 1917, les travaux du champ d'aviation de Guipavas étaient en voie d'achèvement. Le hangar était terminé. Le premier ballon dirigeable était arrivé le dimanche 22 juillet 1917 et il allait être suivi d'un 2e. Jean-Louis Le Roux, de Seiter, *seul Breton parmi les aérostiers et qui a beaucoup de peine à garder ses ballons étant donné le mauvais temps*, écrivait qu'il serait enchanté d'être muté à Lanrus. *Il connaît le métier, lui ! Il n'est pas sûr que ce soit possible mais on verra ! La Voix du Pays* d'octobre 1917 évoque à nouveau ce camp de Lanrus qui faisait l'actualité. On annonçait que 10 nouveaux hectares allaient encore être réquisitionnés pour l'agrandir, que le hangar serait allongé de 50 m et qu'un 2e hangar de 250 mètres de long et de 26 mètres de haut serait édifié. Deux dirigeables s'y trouvaient déjà et on les voyait évoluer tous les jours au-dessus de Guipavas. Ils s'en allaient ensuite explorer et surveiller les côtes pour faire la chasse aux sous-marins allemands. Dans sa lettre de mars 1918, Hervé Hallégot, du bourg, qui se trouvait à l'école d'aviation de Châteauroux, espérait qu'un jour peut-être il irait faire un petit tour en aéro : « *Ah ! s'ils pouvaient me faire survoler Guipavas* », rêvait-il. Une autre information est donnée dans *La Voix du Pays* du 1er mars 1918 : les Américains, disait-on, allaient aussi avoir leur camp d'aviation à Lan-

Le dirigeable *Ville de Paris* (carte postale).
Coll. part.

Hangar à dirigeables sur le terrain de Lanrus à Guipavas.
Coll. part.

rus. François Quentel, dont les parents tenaient la ferme de Kereller près de Lanrus, écrivait : *Au camp de Meucon où je suis, depuis un mois que j'ai quitté Pontivy, j'ai trouvé Pondaven, de Gueradraon, qui garde les prisonniers. On bâtit ici des baraques pour les Américains : ils ont pris un terrain immense, près duquel Lanrus à Guipavas n'est rien* ! Et *La Voix du Pays* du 4 mai 1918 faisait savoir qu'un 3e dirigeable venant directement de Saint-Cyr était arrivé le 26 avril au camp de Lanrus à Guipavas et qu'il y aurait bientôt un ballon captif, pour une expérience de parachute.

Ces ballons dirigeables impressionnaient les enfants de Guipavas surtout par leur forme et leur taille : « *Ils avaient l'allure de saucisses ou de gros cigares et ils faisaient plus de soixante mètres de long !* » Des souvenirs restés gravés dans la mémoire de Marie Prigent, de Kergompez, et de son mari, Joseph Pallier qui habitait une des trois fermes de Lanrus : « *Ils vont gonfler un ballon à Lanrus... Tout à l'heure, on va le voir en l'air !* » Les enfants qui gardaient les vaches dans les prés environnants grimpaient dans les arbres pour regarder sortir à bras d'hommes ces ballons gonflés à l'hydrogène. Ils écarquillaient les yeux en les voyant décoller avec, sous le ventre, une nacelle où se tenait un équipage de 4 ou 5 hommes avec le commandant à la barre. « *Pour monter, il fallait lâcher du lest... 100 kg de sable d'abord puis ensuite 100 litres d'eau qui arrosaient copieusement les matelots au sol !* » Il y avait cinq ballons dirigeables à Lanrus placés sous les ordres du lieutenant de vaisseau Leygue ; et il fallait entre 50 et 100 hommes pour les manœuvrer (décollage et atterrissage), selon le ballon. Le 14 juillet 1918, un dirigeable de Lanrus commandé par l'enseigne de vaisseau Martinier lança 3 bombes sur un sous-marin allemand au sud-ouest de Penmarc'h.

L'implantation de cette aérostation avait laissé des traces dans la mémoire de Joseph Pallier. Il était aux premières loges lorsque les ouvriers de la Marine entreprirent la construction des immenses hangars. « *Ils pouvaient abriter 3 dirigeables chacun !* » Ce coin de campagne se trouva transformé avec la construction d'une très haute usine à gaz, de soutes de munitions entre la ferme de Kergroas et maner Mengleuz, un manoir où se tenait un petit café.

En 1917, les troupes américaines débarquèrent à Brest sous la protection des dirigeables. En janvier 1918, quelque 350 marins américains arrivèrent à Lanrus où ils établirent un camp séparé de celui des Français. Ils construisirent leur propre hangar à dirigeables à 300 m de la ferme de Lanrus, à proximité de la source de la Penfeld. Un souvenir que Joseph avait gardé du lieu de son enfance : il racontait que ses frères allaient avec les chevaux et la charrette donner « *un bon coup de main* » aux Américains pour effectuer les travaux de terrassement et qu'ainsi, ils avaient tissé des liens avec les *boys*. Les marins américains venaient souvent discuter, le soir, à la ferme de Lanrus. L'un d'entre eux avait sympathisé avec son frère et lui avait appris à monter son attelage de chevaux côte-à-côte et la manière de guider en labourant, une technique nouvelle pour cette époque. C'en était fini de l'attelage de chevaux en file indienne qui nécessitait un deuxième homme pour conduire les bêtes.

Le 11 novembre 1918, un dirigeable américain de Guipavas survola Brest en traînant dans son sillage les drapeaux alliés pour fêter l'Armistice.

Marie Prigent racontait qu'après la guerre, les Américains, avant de quitter Lanrus, donnèrent une fête au camp. Plusieurs familles y vinrent avec leurs enfants : « *On nous avait dit qu'il y aurait une séance de cinéma dans une grande baraque. C'est à cette occasion que beaucoup de Guipavasiens ont vu leur premier film, américain bien sûr !* » «*Les marines avaient distribué des friandises aux enfants* », se souvenait aussi Joseph Pallier, avec une certaine émotion ; son frère François, grièvement blessé au combat, faisait partie des plus grands mutilés de guerre de Guipavas.

Troupes américaines débarquant à Brest (carte postale).
Coll. part.

Départ de femmes pour le camp de Pontanézen (carte postale). Coll. J.-R. Poulmarc'h.

19 - Le commandant Challe, un pionnier de l'aviation

Au début de la guerre, les premiers avions servent surtout à des missions de reconnaissance au-dessus des lignes ennemies ; ils sont souvent abattus. Ces "coucous" seront transformés en avions de combat. Le Français Roland Garros imagine le premier système permettant de tirer à travers l'hélice. Les meilleurs pilotes – "les as" – s'en sortent rarement indemnes. Le plus célèbre est un Allemand « le Baron rouge » : en avril 1917, il abat 20 avions anglais. Guynemer est l'un des plus grands héros de l'aviation française : son avion est abattu 7 fois, il est 7 fois sauvé alors qu'il n'a pas de parachute ! Il sera tué dans les Flandres en 1917. Mentionnons aussi Jean-Corentin Carré, fils de journaliers agricoles du Faouët (56), qui, engagé volontaire en 1915 à l'âge de 15 ans, obtiendra son brevet de pilote en septembre 1917 et sera abattu en combat aérien en mars 1918.

Parmi les aviateurs qui se sont illustrés pendant la Grande Guerre, le commandant Challe mérite une place particulière pour son action avant et pendant le guerre. Maurice Challe, né en 1879 à Auxerre, reçoit, après sa sortie de Saint-Cyr, le commandement du 19e RI de Brest ; en 1907, il épouse Adrienne Goux, la fille d'Alphonse Goux, 1er adjoint au maire de Guipavas ; désormais, il viendra souvent dans cette ville, chez ses beaux-parents et son beau-frère, Charles Goux, futur maire de la commune.

Maurice Challe posant
devant son aéroplane. Coll. part.

Départ d'un avion de reconnaissance. Aquarelle de Marcel Jeanjean. Peintre et illustrateur, il fut lui-même pilote en 1917-1918.

1914-1918. La Grande Guerre vécue-racontée-illustrée par les combattants, t.2, éd. A. Quillet, Paris, 1922.

Coll. part.

Le commandant Challe s'est rendu célèbre par un premier exploit : capitaine aviateur, accompagné du sapeur mécanicien Béasse, il réalise, le 1er mai 1914, la première liaison Paris-Brest, sur un appareil Farman de type « cage à poules », en 6 h 20 de vol effectif, et se pose au Polygone, seul aéroport brestois, après bien des péripéties. Au retour, il sera contraint d'atterrir en catastrophe à Saint-Brieuc. L'aller-retour aura duré une semaine : toute une aventure !

Pendant la guerre, le commandant Challe accomplit presque quotidiennement des missions de reconnaissance au-dessus des lignes allemandes et son avion est souvent endommagé par des projectiles. Le 7 octobre 1916, le chef de bataillon Challe, qui n'a pas hésité à prendre l'air pour une mission de reconnaissance par un temps très mauvais, disparaît à l'âge de 37 ans devant Sailly-Sallyssel dans la Somme. Très éprouvée, Mme Challe viendra vivre, avec son fils Christian, au manoir de Penn ar Valy en Guipavas (devenu la maison médicalisée de Kerastel à l'entrée du bourg).

20 - Vers la victoire des Alliés

Au printemps 1918, les Allemands n'ont plus à se battre sur le front de l'Est. Ils décident alors d'attaquer dans la Somme avec toutes leurs forces. Fin mars, ils menacent à nouveau Paris. Le général Foch, nouveau chef des armées, prépare une contre-offensive dans la Marne. Sur le terrain, il bénéficie de l'appui de deux millions de soldats supplémentaires avec l'arrivée des Américains et de nouveaux blindés, les chars Renault ; il oblige les Allemands à reculer et, en novembre, à demander l'armistice.

L'église Saint-Jacques à Reims, ruinée par la guerre (carte postale).
Coll. part.

Lettre d'Emile Floc'h, de Kerivin, *La Voix du Pays* du 1er novembre 1918 comme celles qui suivent : *Je viens de vivre les jours les plus durs que j'aie jamais vus. L'attaque a commencé dans la nuit du 25 au 26 octobre et n'a pas cessé depuis. Nous avançons toujours et, sur notre route, nous ne voyons que des cadavres. Je dois encore bien remercier Notre-Dame du Reun pour m'avoir protégé une fois de plus.*

Lettre de Job Michel, de Kerellec Vian : *Je viens d'arriver au repos hier matin à Sommesous. Peut-être allons-nous terminer la guerre ici, car il y a du bon maintenant. L'ennemi ne sait plus de quel côté se tourner ; il est harcelé de partout : je crois qu'il devra bientôt s'avouer battu. L'appui de Américains nous aura été bien précieux : jamais je n'aurais cru qu'ils auraient été si braves. Je les ai vus à l'œuvre de mes yeux. Il n'y a qu'un reproche à leur faire, c'est d'être imprudents et de s'exposer parfois au danger sans raison suffisante. Ils supportent difficilement la guerre de position telle que nous l'avons faite depuis quatre ans !*

Lettre de René Foll, du Kermeur Saint-Yves, 13e régiment d'artillerie : *En ce moment, me voilà en Belgique, à Woesten, et je crois que je vais partir bientôt pour Roulers. Nous suivons la poursuite des Allemands avec notre parc de réparation, mais ce n'est pas sans peine. Nous prenons courage cependant, car il est sûr que nous les aurons bientôt.*

Lettres de François Colin, de Kervillierm, 2e territorial : *Je suis en Belgique depuis une huitaine de jours. Ici où nous sommes, les civils sont nombreux. Ce matin, à la messe à laquelle j'ai pu assister, il y avait plus de monde que je n'en avais jamais vu depuis le début de la guerre.*

C'était le premier dimanche qui suivait le départ de l'ennemi. Beaucoup pleuraient pendant que le prêtre parlait en chaire. Quand nous sommes arrivés dans le village, ils ont tout de suite pavoisé : nous étions les premiers Français qui arrivions après eux. La plupart nous saluent dans la rue.

Ici, en Belgique, dans beaucoup de carrefours, il y a une petite chapelle dédiée à la Sainte Vierge ou à la Sainte Famille. Sur la façade de la plupart des maisons, il y a aussi une niche contenant sa statue. Tous sans exception paraissent fidèles à la messe et personne ne travaille le dimanche, bien que leurs travaux soient bien en retard. Ils ont encore leurs pommes de terre à tirer : l'ennemi n'a pas eu le temps de les emporter. Les fermes sont au moins trois ou quatre fois plus serrées qu'à Guipavas et il n'y a pas un pouce de terrain qui ne soit cultivé. Une remarque que j'ai faite est que toutes les fermes possèdent une fosse à purin, avec une pompe, ce qui me paraît très pratique. L'ennemi a pris tous les chevaux, sauf quelques-uns qu'on a pu cacher ; et les pauvres habitants n'ont d'autre ressource que d'atteler leurs vaches à leurs charrues et à leurs voitures.

Lettre d'Albert Plouzané, de Kerouhant :

L'ennemi se débine à fond de train. Cette fois, on le tient ! Si c'est bientôt la paix comme c'est probable, nous serons contents d'avoir un peu de répit car, depuis trois semaines, la division est sur les dents et demain nous embarquons, je ne sais pour où...

Gabriel Page, de Penvern :
« La pauvre ville de Reims, où je me trouve, est désormais toute en cendres... » Coll. part.

21 - La grippe “espagnole”

La grippe dite « espagnole» semble en réalité d'origine chinoise. En mars 1918, elle gagne les États-Unis, franchit l'Atlantique avec les troupes américaines, s'installe en France puis en Espagne et gagne toute l'Europe. La 1re vague (mars-été 1918) n'est pas très meurtrière, au contraire de la 2e (hiver 1918-1919), qui va causer de nombreuses victimes, en particulier de jeunes adultes (20-40 ans), apparemment en bonne santé, qui décèdent en moins d'une semaine. La 3e va déferler sur toute la planète (6 millions de morts en Inde) ; ce n'est qu'en mai 1919 que la pandémie s'atténuera.

Selon l'Institut Pasteur, elle aurait tué de 20 à 40 millions de personnes ; des estimations plus récentes parlent de 50 à 100 millions de décès ; il est certain qu'elle a causé beaucoup plus de victimes que la guerre elle-même.

La grippe toucha d'abord les casernements américains aux États-Unis (ici, Funston, au Texas) avant de gagner l'Europe au gré des mouvements de troupes. Coll. part.

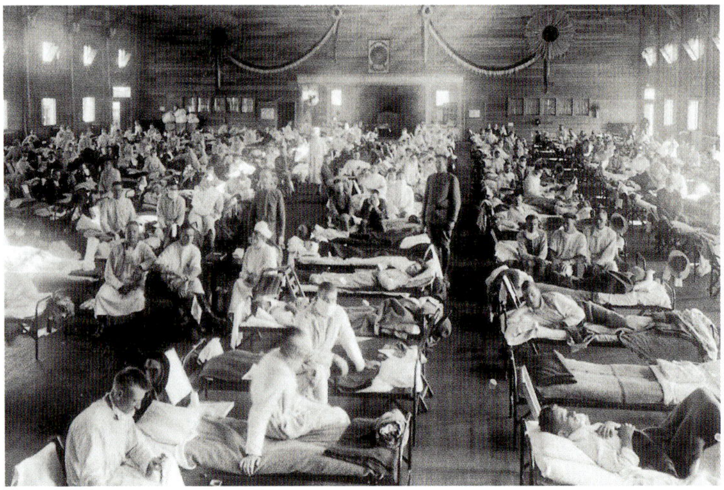

Lettre de Victor Cann, de Kerivoas, infirmier à Saint-Mandrier-Toulon, *La Voix du Pays*, 15 septembre 1918 : *Nous en avons, en ce moment, du travail, avec cette épidémie terrible qui fait tant de victimes parmi les jeunes marins. Nous avons une moyenne de 20 à 25 morts par jour. Vous pouvez croire qu'il faut avoir le cœur bien placé pour résister. Notre hôpital est complet en ce moment. J'ai été moi-même indisposé et je croyais que j'allais passer à mon tour, mais j'ai pris du courage et au bout de 2 jours j'étais rétabli. Je vous écris cette lettre à 3 heures du matin, pendant que je suis de garde car, dans la journée, je n'ai pas un instant.*

Lettre de Clet Cardinal, de Kerivoas, hôpital maritime de Brest, *La Voix du Pays*, octobre 1918 : *La fameuse grippe espagnole qui sévit parmi les marins m'a conduit à deux doigts de la mort. Cela m'a pris le lendemain du jour où je vous ai écrit ma lettre. J'ai été expédié d'abord à l'hôpital des mécaniciens, puis à l'hôpital maritime, d'où j'irai à Kervallon avant d'aller en convalescence. Aujourd'hui, je n'ai pas eu comme d'habitude la visite de ma mère. Je pense qu'elle a eu défense de venir.*

Une autre allusion est faite à la grippe dans le témoignage de René Charreteur, qui, après une tentative d'évasion par la Suisse, se trouve au camp de Puchheim en décembre 1918 (cf. p.36).

2 Novembre 1918

LA GRIPPE ÉPIDÉMIQUE ACTUELLE

Pour compléter les notions contenues dans la communication que nous avons publiée le 19 octobre, le docteur F. Heckel a bien voulu traiter pour nos lecteurs quelques-uns des points les plus utiles de cette question d'actualité.

LE DÉBUT INSIDIEUX DE LA GRIPPE

La grippe actuelle n'est pas seulement redoutable par sa virulence, elle l'est encore par son caractère insidieux et ses traîtrises. Il n'est pas sans difficulté, en temps d'épidémie de grippe, de diagnostiquer avec certitude le début de la maladie, point essentiel cependant, pour établir le traitement précoce et éviter ainsi la venue des formes graves. Si le début de la grippe par un peu de coryza ou un léger mal de gorge est des plus habituels, il est cependant des cas où il semble se faire d'emblée par une trachéite ou une bronchite, ou même, fait plus rare, une pneumonie. Un examen plus serré de ces cas exceptionnels montre qu'avant l'accident bronchique ou pulmonaire les patients ont traîné un petit rhume anodin et qu'ils ont toussoté.

D'autre part, il est certain que tout n'est pas grippe en temps de grippe; mais, les questions d'espèce ne pouvant être tranchées immédiatement, il est prudent de la soupçonner pour pouvoir s'en garantir.

C'est qu'une grippe traitée dès le début à la chambre et au lit a toutes chances de rester bénigne. L'examen rétrospectif des cas graves prouve bien qu'à leur origine le malade avait promené sa grippe pendant sa phase d'incubation et jusqu'aux symptômes incontestables : fièvre, toux profonde, douleurs thoraciques, fatigue marquée, etc. Ces façons de négligence sont celles des gens qui ne « s'écoutent pas ». Or, en cette matière, il ne s'agit pas d'attitudes, mais d'éviter une maladie grave, parfois mortelle, et des contagions de voisinage qui peuvent décimer une famille, un village, parfois toute une population.

En temps d'épidémie, c'est donc faire à la fois preuve d'intelligence, de générosité et de vertu civique que d'être prudent, soucieux de sa santé et, par conséquent, de celle des autres. Et, pour soi-même, il faut se souvenir qu'*à son début une grippe promenée conduit souvent au cimetière.*

QUELQUES COMPLICATIONS ET LEUR TRAITEMENT PRÉVENTIF

La grippe ne serait rien si elle se limitait au coryza, au mal de gorge, aux courbatures et aux douleurs, aux maux de tête si pénibles et à la fièvre légère des formes atténuées ou abortives, qui sont heureusement encore la majorité. Cependant, même avec cette bénignité, elle laisse une dépression physique et un anéantissement de tout l'être, disproportionnés avec sa brièveté et son allure anodine. Mais ce qui fait sa véritable gravité, en temps d'épidémie, c'est l'apparition de complications redoutables qui peuvent porter indifféremment sur l'appareil nerveux, digestif ou respiratoire.

Laissant de côté, ici, les complications sur le système nerveux qui prennent l'apparence de névralgies, de méningites et plus tard de neurasthénie, ou celles qui touchent l'intestin jusqu'à simuler le choléra, le foie jusqu'à produire la jaunisse et l'urémie sur le rein, j'appellerai seulement l'attention sur les accidents pulmonaires qui ont été les plus fréquents jusqu'à présent, à Paris, et qui sont la cause ordinaire des trop nombreuses morts, signalées depuis quelques semaines. Ce sont surtout: l'œdème pulmonaire, la congestion, la pneumonie, la broncho-pneumonie et la pleurésie purulente. Ce n'est pas ici le lieu d'exposer dans le détail ce qu'est chacune de ces manifestations. Mais il est arrivé trop souvent qu'elles sont apparues dans des cas à début si bénin que le médecin n'avait pas encore été appelé, et que les familles n'avaient pas pu soupçonner la gravité de ce qui se préparait. Aussi quelques indications permettant de les reconnaître sont-elles d'intérêt pratique pour les profanes.

Cet extrait d'article de *L'Illustration*, paru le 2 novembre 1918, donne des informations pratiques sur la forme d'une grippe qualifiée d'"épidémique". Si son aspect virulent est reconnu, elle n'est pas encore identifiée comme un problème majeur. Coll. part.

22 - L'armistice : entre joie et larmes

Le 11 novembre 1918, à 11 h, fut signé, à Rethondes, l'armistice qui allait mettre fin à plus de quatre années d'une épouvantable guerre : 1 400 000 Français tués, 600 000 invalides, un quart des jeunes de 19 à 25 ans fauchés à la fleur de l'âge. 203 Guipavasiens ont trouvé la mort sur les champs de batailles.

Le 11 novembre 1918, l'armistice est enfin signé à Rethondes près de Compiègne.

Coll. part.

À Guipavas, M. Floc'h racontait que, lorsqu'on apprit la signature de l'armistice, son père s'était précipité à l'église pour sonner les cloches. Mais les portes de l'église étaient fermées ! Il partit alors à la chapelle Notre-Dame du Reun. Mais, là aussi, il trouva porte close. Il décida de monter au clocher de la chapelle par le paratonnerre et, dès qu'il y parvint, il se mit à sonner les cloches à toute volée pour annoncer la bonne nouvelle de la fin de la guerre. Louis Coajou, du Rody, qui bien plus tard deviendra président du « fourneau économique » de la pyrotechnie de Saint-Nicolas, racontait : « *Le soir de l'armistice, nous étions descendus à pied au port de commerce à Brest ; ça chantait ! Ma mère avait acheté un petit drapeau bleu blanc rouge en tissu que nous avons gardé très longtemps à la maison.* » Marie Prigent, de Kergompez, se souvenait du défilé des soldats et des marins avec trompettes et fanfare marchant au pas sur la route allant du bourg à Landerneau. Quant à Antoinette Thomas, la sœur du cordonnier, elle avait, elle aussi, gardé un souvenir poignant de ce 11 novembre 1918 : « *Mon frère était si heureux de voir la guerre se terminer qu'il s'était mis à jouer de l'accordéon sur le bord de la route. Mais notre voisine d'en face, Mme Tartu, lui avait demandé d'arrêter la musique car son fils, François, avait été tué à la guerre très peu de temps avant la signature de l'armistice.* » Le soldat François Tartu a été tué le 19 octobre 1918 à Herpy dans les Ardennes.

23 - Les gazés, blessés, mutilés...

Le 22 avril 1915, près d'Ypres en Belgique, des soldats français aperçoivent un nuage jaune et vert venant du côté allemand. Poussés par le vent, ces gaz asphyxiants arrivent sur eux. Certains soldats courent comme des fous ; très vite, d'autres réclament de l'eau ou crachent du sang ; plusieurs se roulent par terre ! Ils ne peuvent plus respirer ! 5 000 soldats s'écroulent. C'est la première fois qu'un pays en guerre utilise des armes chimiques : c'est contraire à la convention de La Haye. Au début, les poilus n'ont que des masques de coton, totalement inefficaces. Ces gaz brûlent les poumons, les yeux... Certains soldats urinent sur leur masque pour créer un filtre d'ammoniaque qui, paraît-il, protègerait un peu. Plus tard viendront les masques à gaz.

Plusieurs soldats font état dans leurs lettres de ces gaz qu'ils redoutent par-dessus tout. C'est le cas de Jean-François Lamour, de Kerivoas, qui écrit dans *La Voix du Pays* du 4 mai 1918 : *J'ai été atteint par les gaz le 13 et j'ai été évacué le 17. Pendant quelques jours, nous avons eu de terribles combats. Depuis le 25, je suis hospitalisé à Saintenay-les-Bains dans la Côte-d'Or. Le voyage a été long et fatigant. Mais nous sommes très bien ici*. Un mois auparavant, Job Michel, de Kerellec, raconte : *Je vous écris de Verdun où je suis arrivé hier soir. La pauvre ville fait pitié à voir. Demain, nous allons en position dans un ravin. D'après les fantassins, c'est presque intenable. Ce qu'il y a de plus terrible en ce moment ce sont les gaz...* Pierre Goret, de Mesgalon, écrit :

1915 : les masques à gaz n'ont pas encore été mis au point... Les illustrateurs Leven et Lemonier firent de nombreux dessins et lithographies parus dans la presse de l'époque. Ici, dans *Le Pays de France* (éd. Le Matin), 21 oct. 1915. Coll. part.

Après l'attaque (carte postale).
Coll. part.

Fig. 4.

Fig. 5.

Casque "Adrian" éprouvé
par des projectiles.
L'Illustration, 1915.
Coll. part.

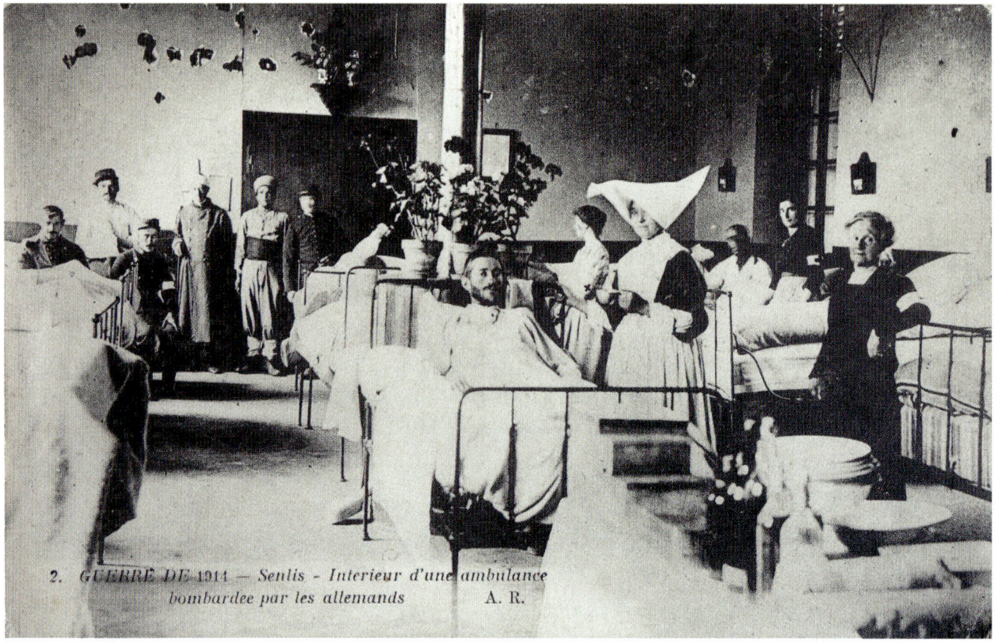

Intérieur d'une ambulance
(carte postale). Coll. part.

Quand j'ai été versé dans mon nouveau régiment, je l'ai trouvé en ligne dans le secteur des Marquises, à droite du mont Cornillet. J'y ai fait de suite 18 jours de première ligne et j'avoue que j'étais content d'en finir. L'ennemi possédait (mais ne les possède plus maintenant) toutes les hauteurs des environs et ne manquait pas de nous arroser copieusement d'obus à gaz ypérite...

Yves Jacolot, de Barallan, écrit dans *La Voix du Pays* du 1er août 1918 : *Ces temps-ci, je passe d'une unité à une autre. Les jours derniers, j'ai fait partie d'une division marocaine et d'une division américaine, dans un secteur très agité. Aussi, pour le moment, je suis tellement fatigué que je tiens à peine debout. Je crois que de moins malades que moi sont à l'hôpital. Les gaz allemands nous ont du reste fort atteints.*

Au lendemain de la guerre, plusieurs soldats gazés connaîtront de grandes difficultés respiratoires et plusieurs mourront des suites de ces gaz.

D'autres poilus reviendront de la guerre borgnes, estropiés, défigurés ou amputés. On les appelait : *les mutilés de guerre*. Ce n'est que plus tard que les historiens emploieront l'expression *gueules cassées*. Tous les trimestres, ils venaient « *toucher leur pension de guerre* » à la perception ; puis ils se retrouvaient dans les cafés du bourg. Et chaque 11-Novembre, on les voyait à la cérémonie devant le monument aux morts pour « *la fête de la Victoire* ». C'est ainsi qu'ils parlaient de l'armistice. Bien sûr, ces mutilés de guerre, tous médaillés (médaille militaire, Croix de guerre et pour certains d'entre eux Légion d'honneur) ne manquaient jamais le banquet annuel des Anciens Combattants.

Il y avait les quatre borgnes de Guipavas : Cady Marc, de Pen an Traon, portait un bandeau noir sur l'œil gauche qu'il avait perdu lors d'une grande offensive en Champagne le 26 septembre 1915 ; Jean-Louis Jézéquel, de Kerlizic, portait quant à lui un bandeau identique sur l'œil droit. Jean-Louis « *avait été laissé pour mort* » sur le terrain après un combat meurtrier à la ferme de Moulin-sous-Touvent près de *la Butte aux Zouaves*. François Quentel, de Kervao, qui faisait partie du 2e régiment colonial, avait été grièvement blessé, le 6 septembre 1916, dans la Somme. Il avait perdu l'œil gauche. Les éclats d'obus lui avaient littéralement explosé la mâchoire, détérioré le genou et il avait une jambe raide. Quant à Yvonig Guyanvac'h, de Coatmeur, soldat au 106e RI, il avait été grièvement blessé le 25 septembre 1915 à Massiges et avait subi l'ablation de l'œil droit. Ces quatre mutilés de guerre fonderont une famille, auront des enfants et exerceront le métier de paysan à Guipavas.

D'autres blessés restèrent marqués à vie par diverses mutilations ou handicaps. Ce fut le cas de Jean

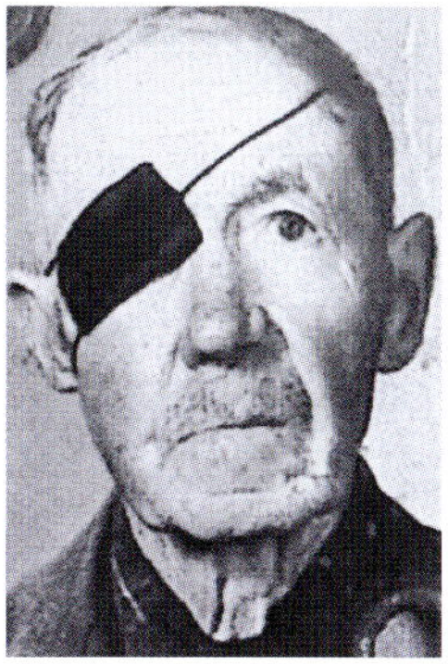

Jean-Louis Jézéquel. Coll. part.

Cady Marc. Coll. part.

Dounval, qui tenait le syndicat agricole à Guipavas. Combattant au sein du 52e régiment colonial, il avait été grièvement blessé par une torpille, le 4 janvier 1918 dans la Meuse ; il avait eu « *un fracas de l'épaule droite, de la clavicule et de l'omoplate* » ; son bras ainsi que son avant-bras étaient atrophiés. Quant à François Pallier, de Lanrus, l'un des plus grands blessés de guerre de la commune, il avait un bras paralysé et, pire, il avait perdu complètement l'usage de la parole suite à de graves blessures par éclats d'obus et à cause d'une sorte de fléchette qui lui avait transpercé la tête. A son retour de la guerre, sa souffrance physique était telle que, la nuit, il allait se rouler dans les marais de Lanrus pour essayer de calmer sa douleur ! Tous les ans, il allait en pèlerinage à Lourdes, accompagné d'un membre de sa famille. Il est décédé en 1978.

La fléchette qui avait transpercé la tête de F. Pallier est toujours conservée dans la famille.

Coll. part.

François Pallier à Lourdes en 1935.

Coll. part.

24 - Le monument aux morts

En avril 1917, un poilu du 120e régiment d'infanterie, Pierre Roué, de Kervellic, s'interrogeait en ces termes dans une lettre : *J'ai lu récemment dans* Kroaz ar Vretoned *que, dans beaucoup de communes, on va élever un monument sur lequel seront inscrits tous les noms des combattants tombés au champ d'honneur. Au cimetière de Guipavas, ne va-t-on pas faire quelque chose de semblable ?*

Sois tranquille, cher ami, Guipavas n'oubliera pas ses glorieux enfants morts pour la Patrie et saura les honorer comme il convient, lui répondit Eucher Corre.

Le 22 mai 1921, deux ans et demi après l'armistice, fut inauguré à Guipavas, lors d'une cérémonie émouvante et grandiose, le monument aux morts, érigé dans l'enclos de l'église, à la mémoire des Guipavasiens morts pour la France.

Monument aux morts de Guipavas, dressé contre l'église ; les deux canons furent emportés par les Allemands en 1940 (carte postale).

Coll. part.

Le maire, Yves Guéguen (chapeau breton à la main) et son 1er adjoint Charles Goux devant le monument aux morts.
Coll. part.

Les discours prononcés par les personnalités civiles, militaires et religieuses furent tous empreints d'une grande solennité. Voici un extrait de l'allocution du vice-amiral Aubry, préfet maritime de Brest : « *Messieurs, la commune de Guipavas est l'une de celles qui peuvent s'enorgueillir d'avoir le mieux aidé à la victoire de nos armes par le grand nombre de ses enfants qui se sont dévoués pour l'obtenir ; beaucoup ont été blessés sur les champs de batailles et portent sur leur corps, plus ou moins apparentes, les marques indélébiles des plaies par lesquelles leur sang généreux a coulé pour la défense de la Patrie. Il y a 203 braves de la commune qui manquent aujourd'hui dans vos rangs, c'est à eux que s'adressent en ce moment notre souvenir et nos hommages* [...]. *Il faudrait les citer tous, mais ils sont trop et je dois me borner à évoquer seulement les noms des principaux d'entre eux : commandant Challe, commandant Boënnec, sous-lieutenant Quéré, enseigne de vaisseau Péron, abbé Kerjean, Morvan, Bizien, et à mentionner d'une façon toute spéciale les familles Abgrall, Castel, Cloatre, Cozian, Crenn, Daré (de Coatmeur), Daré (du bourg), Donval, Goret, Herroux, Jacolot, Jestin, Lamour, Loriant, Menez, Milin, Plouzané, Prigent, Roudaut, Roué et Vienne, qui ont eu la douleur de perdre pendant la guerre deux et même trois de leurs fils...* »

Pour ne pas oublier le sacrifice de ces soldats de 14-18, Guipavas baptisera plus tard certaines rues du nom de ces combattants morts pour la France : rue commandant Boënnec, rue commandant Challe, rue des Trois frères Cozian. En effet, la famille Cozian, de la ferme de Kergleuz Vian (Douvez), fut très éprouvée par cette guerre qui lui enleva trois de ses fils : Henri Louis, caporal, tué le 21 août 1914 à Arsimont (Belgique), Jean-Louis, tombé le 18 août 1916 à Vaux-Chapitre (Meuse) et Yves, caporal, tué à Bézonveaux dans la Meuse, le 19 décembre 1916.

Certaines communes ont cédé à la statuaire à la mode, mêlant poilus baïonnette au canon, coqs et lauriers de la victoire. A Guipavas le monument aux morts réalisé par le sculpteur Jacques Kerdevant (Saint-Pierre-Quilbignon–Brest) n'exalte pas le héros tombé au combat mais représente avec une certaine gravité une femme en costume breton, qui montre à un jeune garçon, chapeau à la main en signe de recueillement, l'inscription suivante : « *Evit Doue hag ar Vro* » (Pour Dieu et le Pays). L'enfant regarde et s'imprègne de cette vision de foi et de patriotisme. A droite, sculpté dans la pierre, un soldat mourant. A gauche, un marin au poste de veille. On lit : « aux enfants de Guipavas morts pour la France. *Da vugale Guipavas maro evit ar vro* 1914-1919 ».

Ce monument coûta 19 900 F à la commune. Sa réalisation fut financée par une souscription (14 056,75 F), complétée par un emprunt de 6 000 F. Une consultation fut organisée auprès des familles des morts à la guerre pour déterminer le choix de son emplacement. Une majorité (85 voix contre 68) se dégagea pour l'enclos de l'église paroissiale, à proximité du porche d'entrée. L'église de Guipavas ayant été incendiée lors des combats pour la libération de Brest, en août 1944, le monument fut déplacé le 20 mars 1952 en raison des travaux de reconstruction de l'édifice ; il fut transféré dans l'angle sud-ouest de la place Saint-Eloi. C'est alors que furent rajoutés les noms des victimes de la guerre de 1939-1945 et des conflits outre-mer. En 1992, dans le cadre de la rénovation du centre-ville, le monument sera une nouvelle fois déplacé et implanté dans la partie nord de la place Saint-Eloi, au pied de la chapelle Notre-Dame du Reun.

Le monument aux morts, à l'angle sud-ouest de la place St-Éloi, de 1952 à 1992.

Coll. part.

25 - Parcours de 3 paysans bretons

François Kermarrec (1893-1982).
Coll. part.

François Kermarrec, cultivateur, soldat sur tous les fronts de 1913 à 1919

François Kermarrec (Fañch pour tous ceux qui le connaissaient), âgé de 80 ans en 1973, bien qu'il fût devenu aveugle, avait gardé une vivacité d'esprit et une excellente mémoire. Témoin cette autobiographie :

« Je suis né le 11 décembre 1893 à Kersaint-Plabennec, je pouvais facilement me rappeler ma date de naissance (11-12-13). J'ai été à l'école de 1900 à 1906, puis je suis resté à la ferme de mes parents jusqu'en 1913. A cette époque, l'agriculture était peu mécanisée, la terre était travaillée à l'aide d'une charrue en bois et d'un versoir métallique, il fallait donc travailler en planches, c'est-à-dire par bandes de terrain. La charrue était tirée par deux chevaux, l'un derrière l'autre ; il y avait deux personnes, l'une pour conduire les chevaux, l'autre pour tenir la charrue. Il y avait deux modèles de charrues : une légère et une plus lourde pour labourer plus profondément. La grande majorité des terres labourables servaient pour les céréales, blé, orge, avoine, blé noir qui étaient utilisées en partie par la famille et en partie pour le bétail (l'avoine pour les chevaux) ; le reste était vendu. La moisson se coupait à la faucille ; quand le

Attelage de 6 chevaux tirant un canon de 75 (carte postale).
Coll. part.

temps n'était pas très beau, on devait laisser la moisson coupée sur le chaume pour sécher et la lier ensuite en gerbes quand le beau temps revenait. Je me rappelle du mois d'août 1912 qui fut très mauvais, le mois de septembre était bien avancé avant que l'on ait pu ramasser la moisson. A la faucille, quatre hommes pouvaient couper un journal (= 1/2 ha) par jour dans une bonne journée (de 14 h à 15 h). Nous n'étions pas loin du bourg de Saint-Thonan, l'angélus sonnait à 6 h le matin et, pendant la moisson, nous étions au champ bien avant que sonne l'angélus. L'on battait la moisson avec une petite batteuse que faisait tourner un manège entraîné par 4 ou 5 chevaux ; il y avait également une secoueuse à paille qui devait être actionnée à la main. La moisson était le moment le plus dur de l'année. Les premières faucheuses à cheval sont arrivées vers 1910.

En 1913, je me suis engagé dans l'armée en devançant l'appel, cela me permettait de choisir le régiment tout en faisant la durée légale qui était alors de 3 ans de service militaire. Mais on sentait bien que la guerre se profilait à l'horizon. Je me suis retrouvé donc au 3e escadron du train des équipages militaires (ravitaillement) à Vernon dans l'Eure. Au début de l'année 1914, j'ai attrapé la typhoïde, j'ai perdu la moitié de mon poids en deux mois (de 85 kg à 43 kg). Durant 23 jours, j'étais inconscient avec 41°1 – 41°3 de température. On me trempait dans une baignoire 3 fois par jour et on me versait de l'eau très froide sur la tête. Je suis revenu à la ferme familiale de Kersaint-Plabennec en convalescence

François Kermarrec, 1er rang, 3e à gauche, entouré de ses camarades à la veille de la guerre (1913).
Coll. part.

jusqu'au 15 août, mais la guerre avait déjà débuté depuis le 2 août. C'est pourquoi j'ai dû rejoindre mon unité dès le 14 août, après avoir reçu un télégramme du capitaine m'indiquant que nous allions partir aussitôt pour le front.

A partir de 1916, nous avons été transférés dans une unité combattante et je me suis retrouvé dans l'artillerie (103e régiment d'artillerie lourde) dans la région de Verdun pendant cinq mois (cote 304 par exemple). Nous avions des canons de 155 courts traînés par des chevaux. Ils tiraient des obus de 42, 43, 45, 47 kg. Une batterie était composée de 4 canons avec plus de 100 hommes par batterie. Les Allemands avaient un canon de 130 dont on reconnaissait le tir avant que n'arrive l'obus ; aussi, en se jetant dans un trou, on avait des chances de pouvoir s'en tirer.

Je me souviens du 3 juin 1918. Nous étions cachés dans un bois dans les Vosges ; la veille, un avion de reconnaissance nous avait repérés alors que nous faisions boire les chevaux dans un ruisseau. Ce jour-là, nous avons subi un bombardement de l'artillerie allemande qui fit de nombreux morts parmi nous. Pour ma part, je m'étais mis à plat ventre sous mon lit de fortune avec mon paquetage devant la tête. Ce paquetage m'a probablement sauvé la vie car, à l'intérieur, pas un seul vêtement n'était intact ; même mes chaussettes de rechange étaient criblées d'éclats d'obus.

Je me rappelle aussi du dimanche 10 novembre 1918, donc un jour avant la fin de la guerre. Tout l'après-midi, nous avons bombardé un petit bois près de Ganu en Belgique. Quand nous sommes revenus sur les lieux le lendemain, il n'y avait pas de traces de l'ennemi. Selon les habitants de la ville, les Allemands s'étaient repliés quelques heures avant le bombardement. J'ai vu des soldats français tués par des obus le 11 novembre à 19 h, soit une heure avant l'armistice.

Ensuite, je suis allé en occupation à Aix–La–Chapelle en Allemagne durant l'hiver 1918-1919, puis je suis revenu à Fontainebleau et ensuite à Metz jusqu'au 22 juillet 1919, date de ma libération définitive après plus de 6 ans sous les drapeaux. On tardait à nous libérer car les Allemands ne voulaient plus payer leur dette convenue à l'armistice. »

Jean-Marie Marc (1892-1980).
Coll. part.

Jean-Marie Marc (dit Cady) de Pen an Traon, soldat dans l'infanterie

« *Je suis de la classe 12,* disait-il en commençant le récit de "sa" guerre 14-18. *J'étais déjà sous les drapeaux au 116ᵉ régiment d'infanterie de Vannes quand l'ordre fut donné, le 2 août 1914, de monter à la rencontre de l'ennemi.* » C'est à Maissin, dans les Ardennes belges, non loin du Luxembourg et de la frontière française que Cady connut son baptême du feu au beau milieu des champs d'avoine. Les fantassins du 116ᵉ RI en pantalon rouge garance s'étaient élancés avec leur "barda" de 30 kg sur le dos, à l'attaque des positions allemandes, baïonnette au canon, derrière les officiers. Les soldats tombaient comme des mouches sous une grêle de balles de mitrailleuses allemandes. Le 116ᵉ poursuivit son offensive, non sans succès. Mais l'armée française ne put arrêter l'invasion allemande sur les frontières. Il fallut battre en retraite. « *Il y a eu tellement de casse !* » Les armées ennemies déferlaient maintenant en direction de Paris.

« *Je suis de ceux qui ont combattu à la bataille de la Marne* », racontait Cady avant d'ajouter : « *Je me souviens des paroles du maréchal Joffre : "il faut tenir coûte que coûte, les enfants !"* » Là encore, un autre terrible combat lui revenait toujours à l'esprit : celui de Lenharrée. La peur se lisait sur

Cady Marc en uniforme de zouave.
Coll. part.

son visage lorsqu'il racontait que, dans ce petit bourg de la Marne, « *pas plus grand que celui de la Forest-Landerneau* », les Allemands les avaient surpris au petit matin alors qu'ils dormaient à la belle étoile. Ce fut la panique ! Le combat fut des plus féroces : « *Les Allemands nous attendaient cachés derrière un grand mur et, tout d'un coup, ils nous ont sauté dessus comme une meute de loups enragés ! Nous nous sommes battus au corps à corps. C'était le 8 septembre 1914.* » Il avait *été* fait prisonnier avec plusieurs camarades : « *On mourait de soif. Quelques-uns avaient réussi à aller planter leurs dents dans des betteraves à sucre dans un champ près du lieu où les gardes allemands nous tenaient prisonniers. Un camarade avait filtré, dans son mouchoir de poche, une eau aussi sale que du purin ! Un autre avait bu son urine !* » Mais Cady n'oubliait jamais de raconter le beau geste d'un officier allemand qui avait ordonné à l'un de ses soldats d'aller lui chercher de l'eau. Et cet officier ennemi lui avait dit : « *Pas bien la guerre ; elle va bientôt finir et nous pourrons rentrer chez nous.* »

Puis les prisonniers s'étaient mis en marche en colonnes. Cady avait du mal à marcher, avec la balle qu'il avait reçue dans la jambe ; avec son camarade de Guipavas, François Loriant, du Relais, blessé par balle au bras droit, ils se tenaient serrés l'un contre l'autre, afin de se soutenir mutuellement. Cady souffrait aussi d'une si violente colique qu'à un moment, il quitta la colonne pour aller vider tripes et boyaux mais, voyant que la colonne s'était éloignée, il décida de ne pas rejoindre les rangs des prisonniers et il s'échappa en *ruzog* !

Après cette guerre de mouvement, Cady connaîtra le froid de l'hiver au fond des tranchées boueuses et les attaques à la baïonnette au petit jour, puis le repli. Le 4 juin 1915, il fut versé dans le 1er régiment de zouaves. Pendant la grande offensive française en Champagne, il fut grièvement blessé, le 26 septembre, à la terrible bataille de Tahure : « *Sans mon casque,* disait-il, *je serais mort sur le champ de bataille. J'avais ramassé des éclats d'obus sur la tête !* » Puis, à la fin du combat, des brancardiers l'avaient transporté, à demi inconscient, dans une chapelle transformée en poste de secours. Et là, sur la terre de Tahure où tant de sang a coulé, quel soulagement malgré la souffrance, de voir se pencher sur ses plaies, le visage si familier du docteur Vourc'h qui lui bandait la tête. Cady gardera, durant toute sa vie, un profond respect pour ce médecin né dans le même village que lui et qui soigna les blessés sur les champs de batailles durant toute la guerre. Quatre Guipavasiens ont été tués à Tahure « *défoncé par tant de coups de canons* » : Jacques Herroux, de Poulguinan, Guillaume Jestin, de Kerverzet, François Troadec, de la Villeneuve et le fils du maire de Guipavas, le sergent-major Guillaume Guéguen ; frappé de plein fouet par un obus de 77, il eut les deux jambes sectionnées.

Cady ira ensuite à l'hôpital du Val-de-Grâce à Paris où il sera trépané avant d'être emmené dans une maison de convalescence à Biarritz ; là, il se liera d'amitié avec un instituteur gravement blessé comme lui qui lui apprendra à écrire... « *Sauf les majuscules* ! » disait-il. Pour tuer le temps, Cady tricotait des bonnets de laine pour la plus grande joie des infirmières. Reconnu grand mutilé de guerre, il sera réformé le 13 novembre 1916 « *pour brèche osseuse de la région temporale gauche d'un diamètre d'une pièce d'un franc, vertiges, maux de tête, lé-*

sions nerveuses cervicales, troubles subjectifs des trépanés et perte totale de la vue de l'œil gauche ». Il échappa ainsi à l'enfer de Verdun.

Plus de 40 années s'étaient écoulées depuis cette épouvantable guerre de 14-18 et Cady, paysan-maraîcher à la ferme de Pen an Traon sur le bord de l'Elorn, faisait encore des cauchemars où il revoyait, disait-il, les uhlans et les lanciers, ces terribles cavaliers de l'armée allemande, charger le jeune fantassin qu'il était en 1914.

Olivier Léal (1886-1969).
Coll. part.

Olivier Léal (1886 – 1969) – L'itinéraire d'un canonnier conducteur

Olivier Léal, de Kerouézel (Douvez), né le 01/05/1886, effectua d'abord son service militaire du 18/08/1907 au 25/09/1909 au 28e régiment d'artillerie de campagne basé à Vannes ; il était canonnier conducteur, c'est-à-dire qu'il était assis sur l'un des chevaux de tête de l'attelage de 6 chevaux qui tirait un canon de 75.

Ensuite, il fit toute la guerre au 28e régiment puis, celui-ci ayant été décimé, au 263e régiment d'artillerie. Il ne rentrera dans ses foyers que le 26/08/1919, date à laquelle il sera démobilisé. En tout, il aura passé plus de 7 ans et 2 mois sous l'uniforme !

Certaines de ses lettres ont été publiées dans *La Voix du Pays* ; les quelques extraits qui suivent permettent de reconstituer son itinéraire.
Le 04/05/1917, il écrit : *Ici, ça chauffe dur en ce moment, je peux vous assurer. On est en train d'appuyer les Anglais. Il y a de l'artillerie tant que tant, mais les Boches en ont aussi, je crois.*

Trois mois plus tard, il est à Zuidschote*, en Belgique, avec le 263e. Il est en compagnie de son camarade Michel Ménez, de Pen ar C'hreac'h-Coataudon ; mais celui-ci, qui vient d'avoir 36 ans, n'est pas occupé à tirer au canon : il approvisionne les batteries en munitions (42e section) quand un obus allemand s'abat sur la batterie ; voici le récit d'O. Léal, daté du 04/08/1917 : *Michel et ses camarades arrivaient juste avec leur chargement de munitions près de la batterie,*

Allemands faits prisonniers dans le Nord en 1914 (carte postale).
Coll. part.

quand les canons boches ont commencé à leur tirer dessus ; un obus a tué et blessé, de suite, une dizaine d'entre eux. Je regrette beaucoup mon pauvre ami, car il n'y avait pas de meilleure personne que lui ; j'ai espoir qu'il sera bien accueilli par Dieu ; il a eu à supporter son lot de souffrances depuis le début de sa naissance jusqu'à la guerre.

Il a été enterré au cimetière de Stavele en Belgique et, entre ses camarades, nous nous sommes entendus pour lui acheter une couronne et la porter sur sa tombe. Michel laisse derrière lui 3 enfants ; son jeune frère, Joseph, a aussi été tué le 30/09/1914 à Thiepval. Voilà encore une ferme où il ne reste aucun homme.

Il se trouve en Belgique, le 09/09/1917 : *Ici, en Belgique, les choses sont ardues pour nous. Il y aura de gros accrochages dans les jours qui viennent. Nous sommes entre les Belges et les Anglais. Nous leur sommes d'un bon secours, nous sommes courageux.*

En octobre 1917, il écrit : *Mon régiment a été une quinzaine au repos et je crois que nous allons bientôt remonter, une attaque se prépare. Je ne sais comment elle va se passer. Il n'y a que des marais ; le génie a fait des ponts qui ont plus d'un kilomètre de long ; le temps est mauvais, il pleut tous les jours. Alors, vous pouvez dire que nous avons la misère, mais on ne se plaint pas trop malgré tout. On est tellement habitué à souffrir qu'on n'en tient plus compte.*

Les rapports fournis par le régiment confirment ces difficultés : les canons s'enlisent, de nombreux chevaux sont tués (parfois de 30 à 40 par jour, pour le seul groupe de batteries). Rappelons que l'Armée utilisait en permanence quelque 712 000 chevaux, sans compter les 15 000 chiens (estafettes), des pigeons voyageurs (porteurs de messages)... On imagine le crève-cœur que représentait pour ces paysans la mort de leurs compagnons.

Le 15/08/1918, la guerre n'est pas encore gagnée : *Voilà un mois que mon groupe donne la riposte aux Boches et c'est bien le mois le plus dur que j'ai jamais passé. Un bon nombre de mes camarades sont restés hélas ! sur le champ de bataille, mais nos pertes ne sont rien en comparaison de celles des Boches. Il faut, du reste, tenir toujours, si pénible que soit la lutte. Notre aumônier a été blessé en aidant à sauver les camarades de ma batterie qui avaient été ensevelis dans une cave par un obus. Il nous a écrit de Clermont-Ferrand où il est hospitalisé.*

Olivier était aux côtés de l'aumônier pour secourir les hommes enterrés, ce qui lui vaudra la Croix de guerre avec étoile de bronze, avec cette citation : *Excellent conducteur, modèle de conscience et de dévouement. Malgré de violents tirs d'obus explosifs et toniques, Olivier Léal a déterré 2 de ses camarades ensevelis par un obus ennemi, malgré le bombardement qui continuait.*

"GEO." 84. - 1914. Allemands tirant une grosse pièce.

Allemands tirant une grosse pièce d'artillerie (carte postale).

Coll. part.

A la Toussaint 1918 enfin, il est au repos à Gérardmer : *Ma batterie se trouve au repos dans la caserne de Gérardmer dans les Vosges. Nous avons quartier libre pour la Toussaint avec messe à 11 h, à laquelle nous sommes allés en grand nombre. Il y avait aussi beaucoup de civils ; ici, ils sont très religieux. A 15 h, rassemblement pour aller au cimetière sur la tombe de camarades qui y sont inhumés ; le général commandant la division a fait un beau discours.*

* Petite ville de Belgique, au nord d'Ypres, sur la rive gauche de l'Yser. Cette région n'a jamais été prise par les Allemands : en octobre 1914, le roi des Belges s'y réfugia avec le reste de son armée et fit inonder tout le secteur. En 1917, c'est là qu'aura lieu la bataille des Flandres.

Prise de Tahure (Marne) le 6 octobre 1915. Le village fut totalement détruit et rattaché à Sommepy en 1950. *L'Illustration*, 1915.

Coll. part.

Au soir de la prise de Tahure, un blessé français regagne l'arrière. *L'Illustration*, 1915.

Coll. part.

26 - Il y a 23 ans disparaissait le dernier poilu de Guipavas

Le dernier poilu de la section des anciens combattants de Guipavas (UNC), René Kerézéon, est décédé en 1995 à l'âge de 97 ans. Il était né à la ferme de Kerebezom (Douvez), le 22 décembre 1897. Mobilisé le 8 janvier 1916, il est incorporé, d'abord au 124e RI, puis il passe le 4 décembre 1916 au 19e régiment d'infanterie. René Kerézéon combat à Verdun. Promu caporal, il est cité deux fois à l'ordre du régiment. La citation du 19 avril 1917 indique : *Très bon soldat ; au cours de la reconnaissance du 1er avril, il est allé jusqu'au petit poste ennemi et a ramené le fusil mitrailleur de son camarade tué*. La seconde citation date du 29 mai 1917. On y lit : *Surpris par l'ennemi au cours d'une contre-attaque, il a réussi à s'échapper de ses mains et à rentrer dans nos lignes.* À cette occasion, il a reçu la Croix de guerre. Promu sergent le 2 mai 1918, *René Kerézéon a disparu le 27 mai 1918*. En réalité, il avait été fait prisonnier et amené en captivité en Allemagne ; là, il travaillera dans une ferme jusqu'à la fin de la guerre. René racontait qu'il n'avait pas été malheureux dans cette grande exploitation agricole d'outre-Rhin. A son retour d'Allemagne, il revient à la ferme de ses parents, puis se marie ; le couple aura trois filles. Il exercera la profession d'artificier à la pyrotechnie de Saint-Nicolas tout en tenant, avec son épouse, une petite ferme dans le secteur de Keroumen.

Ce dernier poilu de la guerre 14-18 a été décoré, dans son très grand âge, de la croix de chevalier de la Légion d'honneur.

René Kerézéon et son épouse dans les années 1970. Coll. part.

27 - Conclusion

Famille Goret devant la batteuse vers 1938. Au 1er rang, 1er à gauche, Jean Goret Coll. part.

En guise de conclusion, nous avons pensé à cette lettre écrite par Jean Goret, de Mesgalon, à Eucher Corre. En plus de son attachement au pays natal, elle montre le désir de tous les combattants d'en finir avec la guerre et de retrouver le goût de la vie et de la paix.

Jean Goret était né le 13 mars 1895 à Guipavas. Intégré au 19e RI le 7 février 1915, il fut, en raison de sa mauvaise vue, affecté aux ateliers de munitions de Bourges le 3 février 1917.

Je crois vous avoir dit que nous sommes ici un petit groupe de Bretons. Aussi vous devinez sans peine avec quel plaisir on se retrouve le soir et combien il est doux de parler, si loin de notre Breiz Izel, le vieux brezouneg que nous aimons tant ! Aujourd'hui, j'ai eu la joie de recevoir La Voix du Pays *du 15 janvier. Certes, c'est toujours avec un plaisir très vif que je la lis, mais ce numéro m'a causé un vrai bonheur. Comme mon cœur battait d'une douce émotion en lisant la belle poésie qu'il contient ; combien j'aurais été heureux de remercier l'auteur inconnu de ces beaux vers, qui répondent si bien à l'état d'âme de tant d'entre nous que la guerre cruelle a séparés de tout ce qui leur était cher. Oh ! moi aussi, je l'aime, mon Guipavas ! Combien souvent ma pensée quitte la vaste usine où je me trouve enfermé pour s'envoler vers le pays d'un charme si pénétrant où mon enfance s'est écoulée, si heureuse ! Vraiment, la terre de chez nous a aussi une âme qui, plus fort que tout, nous attire vers elle et bien souvent les beaux vers de Brizeux, le doux poète de Bretagne, reviennent à mon esprit. Je ne puis en citer en ce moment que le sens : ô landes, ô bois, ô champs que j'ai tant aimés, ô terre de granit recouverte de chênes, Bretagne, d'où te vient l'amour de tes enfants ? Plaise à Dieu de nous permettre de jouir de tout cela encore bientôt ! Puissé-je, après avoir travaillé si longtemps à des œuvres de mort, reprendre de nouveau la charrue à Guipavas et quitter pour toujours ces vastes usines où l'alouette bretonne, trop éprise de grand air et de liberté, ne saurait vivre !*

Guipavas - liste alphabétique des “morts pour la France”

Noms et Prénoms	Grade	Demeure de la famille	Date du décès	Lieu du décès
Abgrall Baptiste	S	Villeneuve	09/07/16	Drobociva (Grèce)
Abgrall Ferdinand	S	Villeneuve	05/11/16	Vaux (Meuse)
Abiven Joseph-Marie	S	Poul ar Feunteun	21/08/14	Arsimont (Belgique)
André Jean	S	Conte	12/12/17	St-Michel-de-Maurienne
André Olivier	S	Kermeur Saint-Yves	07/05/15	Ste-Menehould (H)
Balbot Yves-Marie	S	Pont ar C'hilloq	04/05/17	Sapigneul (Marne)
Baot Pierre-Joseph	Ca	Moulin de Kerhuon	21/12/14	Bois-St-Mard (Oise)
Baron Alain-François	S	Bourg	29/09/14	Noyon (H)
Berthou Jacques	S	Vergez	15/09 /18	Juvigny (Aisne)
Berthou René	S	Kerjaouen	17/12/14	Ovillers-La-Boisselle (Somme)
Bervas François	S	Froutven	11/10/15	Beauséjour (Marne)
Bervas Yves	SCA	Kerjaouen Vian	06/12/14	Hesdin (P. de C.)(H)
Bervas Yves-Marie	S	Lestaridec	03/03/16	Haute-Avesne (P. de C.)
Bideau Jean-Marie	S	Bourg	16/09/14	Vaux-Marie-Rembercourt
Billant Jean-Guillaume	S	Palaren	09/08/16	Fort de Tavannes (Meuse)
Bizien Hervé-Victor (abbé)	S	Pont-Neuf	06/09/18	Fraize (Vosges) – Amb.
Blons Paul-Marie	S	Quélarnou	05/10/15	Croix en Champ. (Marne)
Boënnec Guillaume	C B	Bourg	08/08/18	Louvrechy (Somme)
Bothorel Stanislas	S	Kerdanné	25/09/15	Vienne-le-Château(Marne)
Boucher François-Marie	S	Kerenty	09/10/15	Ste-Menehould (H)
Branellec François	S	Kermeur Saint-Yves	07/04/18	Disparu
Buguel Joseph	S	Conte	22/08/14	Rossignol (Belgique)
Calvez Joseph	S	Kernoas	01/07/16	Foucaucourt (Somme)
Cam Jean-François	S	Kernoas	20/08/16	Bois de Corbeaux (Meuse)
Cardinal Hervé	S	Créac'h Burguy	06/02/15	La Boisselle (Somme)
Cardinal Jean-Pierre	S	Lavallot	18/05/16	Cote 304 (Meuse)
Castel Guillaume	M	Scragn	15/11/14	Calais (P. de C.)
Castel Hervé	S	Ribeuze	28/04/16	Montmédry (H)
Castel Jean-Marie	S	Ribeuze	19/12/16	Dans ses foyers
Challe Maurice	CB A	Bourg	07/10/16	Morlancourt (Somme)
Chapalain François	S	Kerzouric	08/10/14	Moulins-s /Touvent (Oise)
Cloarec Pierre	M	Bourg	08/02/16	*Amiral Charner*
Cloatre Jean-Marie	S	Villeneuve	16/04/17	Paissy (Aisne)
Cloatre René	S	Rumen	01/07/16	Foucaucourt (Somme)
Coatpéhen Pierre	S	Run ar C'hoat	02/06/17	Dans ses foyers
Cochard Alain	S	Bourg	15/09/14	Ville-sur-Tourbe (Marne)
Colin François	Ca	Reuniou	07/10/18	Romigny (Marne) Amb.
Colin Jean-Marie	S	Kervao	08/08/18	Fère-en-Tardenois (Aisne)
Colin Yves	S	Keriégu	01/05/18	Kemmel (Belgique)
Colleau Guillaume	Ca	Pont-Neuf	10/10/16	Lehons (Somme)
Cornec Nicolas	S	Kergavarec	29/08/14	Origny (Aisne)
Coueffeur Michel	S	Poul ar Velin	22 /10 /16	Erches (Somme)
Coz Yves	M	Guernarc'hant	10/12/16	Groening-Polder (Belgique)
Cozian Henri-Louis	Ca	Kergleuz	21/08/14	Arsimont (Belgique)
Cozian Jean-Louis	S	Kergleuz	18/08/16	Vaux-Chapitre (Meuse)
Cozian Yves	Ca	Kergleuz	19/12/16	Bezonvaux (Meuse)
Cozian Pierre	S	Coatmeur	07/05/15	Seddul-Bahr (Turquie)

En 1914, Guipavas a une population d'environ 5 000 habitants. Sur 800 mobilisés, 203 Guipavasiens ont été tués durant la Grande Guerre.

Abréviations :

A : Aviateur
Amb : Ambulance
Au : Aumônier
Ca : Caporal
CB : Chef de bataillon
EV : Enseigne de vais. 1re classe
H : Hôpital
M : Maître
M : Marin
MLA : Maréchal des logis artificier
PM : Premier maître
QM : Quartier-maître
S : Soldat
SCA : Sous-chef artificier
SM : Second maître
Se : Sergent
Se F : Sergent fourrier
Se M : Sergent major
SL : Sous-lieutenant

Cren Henri	S	Saint-Thudon	29/08/14	Courjumelle (Aisne)
Cren Jacques	S	Kerjaouen	22 /08/14	Messin (Belgique)
Cumunal Yves	S	Poul ar Velin	22/06/15	Tracy-le-Mont (Oise)
Daré Gabriel	S	Coatmeur	17/12/14	Ovillers-la-Boisselle (Somme)
Daré Jean-Marie	MLA	Coatmeur	30/05/17	Sancy (Aisne)
Daré Pierre	S	Bourg	24/09/17	Mont-Haut (Marne)
Dilasser Yves	S	Bourg	25/09 /15	St-Thomas-en-Argonne
Donval Jacques	S	Kerida	16/04/17	Bois des Buttes (Aisne)
Donval Paul	S	Kerida	29/09/15	Bruay – Amb.
Dreo Hervé	S	Kerjaouen	05/10/14	Authuille (Somme)
Dreo Pierre	S	Kerjaouen	10/10/18	Pont-Givard (Marne)
Dreo Jean-Marie	S	Kerivoal	05/09/16	Harbonnières (Somme)
Floc'h François	M	Bourg	08/02/16	*Amiral Charner*
Gac Louis	S	Kervao	21/06/16	Damloup (Meuse)
Gandon Adrien	Se F	Coataudon	08/09/14	Lenharrrée (Marne)
Gorcuff Jean-Marie	S	Kerigoualch	24/08/17	Cote 304 (Meuse)
Goret François	S	Kermeur Coataudon	22/09/14	St-Soupplets (Marne)
Goret Joseph	S	Kermeur Coataudon	07/05/15	N.-D. de Lorette (P. de C.)
Goret Pierre-Elie	S	Mescalon	24/10/18	Dans ses foyers
Gouez Casimir	S	Coataudon	14/03/16	Mort-Homme (Meuse)
Goulard Yves	S	Kervao	17/03/15	Dernancourt (Somme)
Gourvennec Alexis	S	Bourg	01/06/15	N.- D. de Lorette (P. de C.)
Guéguen François	S	Kerveleugant	19/05/15	Dernancourt (Somme)
Guéguen Guillaume	S	Keraveloc	21/01/16	Versailles
Guéguen Guillaume	Se M	Bourg	28/09/15	Tahure (Marne)
Guengard Victor	S	Bourg	08/06/15	Hébuterne (P. de C.)
Guével Jean-Marie	S	Kergleuz	14/07/15	Bois-Baurin
Hallégot Henri	M	Bourg	07/05/16	Mont-St-Michel – Verdun
Hénaff François	Se	Keravilin	26/01/18	Regneiville (M. et M.)
Herroux Guillaume	S	Kerbleuniou	26/03/19	Mayence (Allemagne)
Herroux Pierre	C	Kerbleuniou	18/11/16	Belloy-en-Santerre (Somme)
Herroux Jacques	S	Poulguinan	25/09/15	Tahure (Marne)
Hili Paul	S	Keriegu	02/09/15	Dans ses foyers
Hily Bernard	S	Pouldu	27/07/16	Soyécourt (Somme)
Hily Jean-Goulven	S	Kerdidrun	30/06/18	Passy-en-Valois (Aisne)
Jacob Pierre	Se	Rody	23/08/16	Landrécourt (Meuse)
Jacolot Jacques	S	Penareun	21/04/18	Dans ses foyers
Jacolot Jacques	S	Scragn	26/04/16	Mort-Homme (Meuse)
Jacolot Paul	Ca	Baralan	27/06/16	Fleury (Meuse)
Jacolot Pierre	S	Kervivarch	29/09/15	Ste-Marie-à-Py (Marne)
Jacolot Yves	S	Ribeuze	04/07/16	Estrées (Somme)
Jaouen François	S	Bourg	02/05/17	Bois des Licteurs (Aisne)
Jaouen Yves	S	Froutven	24/09/14	Berry (Aisne)
Jestin Guillaume	S	Kerverzet	25/09/15	Tahure (Marne)
Jestin Laurent	M	Kerverzet	09/12/14	Coutances (H)
Jestin Herve	S	Kerdanné	04/05/17	Le Godat (Marne)
Jestin Jean-Marie	S	Lavallot	22/06/18	Antheuil (Oise)
Jestin Jules	QM	Poul ar Velin	04/06/15	Torpilleur *Casabianca*
Jézéquel Jean-François	S	Kerdanné	30/04/17	Nauroy (Marne)
Jézéquel Louis	M	Bourg	03/05/18	Brest (H)
Kerdoncuff François	S	Menhir	05/09/16	Soyécourt (Somme)
Kerjean Ernest (abbé)	Ca	Pont Mezgall	22/08/14	Maissin (Belgique)

Kerjean François	M	Keraudry Vihan	20/11/14	Dunkerque (H)
Kerjean Jean-Pierre	S	Tyrus	16/04/17	Prosnes (Marne)
Kermarrec Guillaume	S	Lanrus	09/09/14	Nanteuil (Marne)
Kervennic Pierre	S	Rody	11/10/18	Epernay – Amb
Labat Guillaume	S	Rody	09/04/15	Bois le Prêtre (M et M)
Labous Jacques	S	Froutven	29/06/15	Carency- Souchez (P. de C)
Lagadec Goulven	S	Kervao	06/09/16	Berny-en-Santerre (Somme)
Lamour Antoine	S	Kerivoas	26/04/15	Mouilly (Meuse)
Lamour Jean-Marie	S	Kerivoas	31/08/16	Soyécourt (Somme)
Lamour François	Ca	Kerjaouen Vian	08/08/16	Fort de Vaux (Meuse)
Lamour Jean-Marie	S	Keravilin	01/07/16	Avocourt (Meuse)
Lavanant Jean	S	Kerlizic	22/08/14	Maissin (Belgique)
Le Borgne Hervé	S	St-Nicolas	08/09/14	Lenharrée (Marne)
Le Bras Pierre	S	Bourg	26/03/15	La Boisselle (Somme)
Le Bris Jean-Marie	S	Pont ar C'hilloq	20/11/18	Camp de Trèves (Allemagne)
Le Dall Guillaume	SM	Kerivoas	29/11/16	Dans ses foyers
Le Gall Jacques	S	Bourg	03/08/16	Bussang (Vosges)
Le Gall Jean-François	S	Kermeur St-Yves	24/09/14	Berry (Aisne)
Le Guen Michel	S	Pennareun	01/10/14	Thiepval (Somme)
Lelandais Jacques	S	Bourg	17/10/15	La Targette
Le Lann Jean-François	Ca	Créac'h Burguy	02/09/18	Plateau de Crouy (Aisne)
Le Lann Yves	S	Créac'h Burguy	10/09/15	Zého (M. et M.)
Le Menn Claude	S	Bourg	26/02/16	A bord du *Provence II*
Le Reun Yves	S	Pennic ar Vern	05/10/14	Authuille (Somme)
Le Reun Yves	SM	Kerdanné	25/03/19	Dans ses foyers
Le Roux Charles	S	Keraudry	11/07/15	Neuville-St-Wast (P.de C.)
Le Roux Jean-Louis	S	Kerastivel	06/10/15	Souain (Marne)
Le Roux Joseph	QM	Keranna	08/02/16	*Amiral Charner*
Lescoat René	SM	Bourg	19/12/14	Zuidschote (Belgique)
Le Stang Pierre	S	Tourbian	27/09/19	Dans ses foyers
Lorient Pierre	S	Baralan	19/07/18	Neuilly-St-Front (Aisne)
Lorient Auguste	M	Bourg	23/12/14	Steenstraate (Belgique)
Lorient Pierre	S	Bourg	29/07/15	Consenvoye (Meuse)
Lorient René	Ma	Bourg	22/01/17	Brest (H)
Louvet Yves	Se	Bourg	28/07/16	Hardecourt (Somme)
Luguern François	M	Coatmeur	06/11/14	Forthem (Belgique)
Madec Allain-Joseph	SM	Poul ar Feunteun	26/11/16	*Suffren*
Mailloux Charles	QM	Bourg	27/04/15	*Léon Gambetta*
Marc Jean-François	S	Vern	05/04/18	Chalet de Grivesnes (Somme)
Marchadour Yves	S	Relais	02/11/18	Laon – Amb.
Marziou Jean-Marie	M	Bourg	28/07/16	Huelgoat (H)
Ménez Joseph	S	PenarCréach Coataudon	29/09/14	Thiepval (Somme)
Ménez Michel	S	PenarCréach Coataudon	06/08/17	Zuidschote (Belgique)
Ménez Paul	S	Creac'h Burguy	08/06/16	Ferme de Thiaumont (Meuse)
Ménez Yves	S	Pont Neuf	09/05/15	Bailleul (P. de C.)
Mézou François	PM	Kerlécu	24/11/18	Chalutier *Inkermann*
Milin François	S	Kereller	05/03/16	Bois St-Mard (Oise)
Milin Jacques	S	Pontanné	23/01/19	Fréjus (H)
Milin Jean	M	Vizac	07/09/18	Brest (H)
Mingant Jean	M	Kerohant	31/10/14	Dixmude (Belgique)
Mocaer Yves	M		25/08/14	Dixmude (Belgique)
Monot Jean-Marie	Ma	Bourg	15/03/19	Dans ses foyers

Morvan François	S	Bourg	07/09/14	Connantray (Marne)
Morvan Jean-Marie (abbé)	Au.	Kervern	06/04/18	Sinceny (Aisne)
Morvan Yves	S	Cozribin	20/07/18	Plessier-Huleu (Aisne)
Mouden Claude	S	Kervao	28/03/16	Dans ses foyers
Muzellec Claude	S	Kerivin	20/05/18	St-Paul-aux-Bois (Aisne)
Nicot Corentin	S	Keroular	24/10/16	Fort de Douaumont (Meuse)
Page Allain	S	Coataudon	26/09/15	Ville-sur-Tourbe (Marne)
Page François	S	Penvern	14/10/16	Kenali (Serbie)
Paillier François	S	Lanrus	04/01/15	Pabu (Côtes-du-Nord)
Pellé Louis	S	Poul ar Feunteun	14/09/16	Maurepas (Somme)
Péron Paul	EV	Palaren	29/09/18	Passage de l'Ailette (Aisne)
Perrot Allain	S	Streat	26/09/15	Ville-sur-Tourbe (Marne)
Picard Jean-Marie	Ca	Bourg	02/05/16	Douaumont (Meuse)
Piriou Yves	S	Kervern Vian	27/04/18	Amiens (Somme)
Plouzané Jean-Louis	S	Kerouhant	25/09/15	Ville-sur-Tourbe (Marne)
Plouzané Yves	S	Kerouhant	01/07/16	Foucaucourt (Somme)
Pochet Louis	SM	Bourg	04/10/17	Chalutier *Stella*
Pouliquen Jean-François	S	Kerdanné	02/11/16	Ravin de Chevreuil (Alsace)
Pouliquen Jean-François	Se	Bourg	06/10/18	Bazancourt (Marne)
Pouliquen Yves	M	Bourg	08/01/19	Livourne (Italie)
Prédour Jean-Marie	S	Bourg	31/08/16	Foucaucourt (Somme)
Prigent Allain	M	Menhir	16/09/14	Toulon (H)
Prigent Michel	M	Menhir	10/08/15	Brest (H)
Primel Jean-Marie	S	Kerdanné	31/10/16	Cléry-sur-Somme
Quéféléan François	S	Lestaridec	01/02/17	Mourmelon-le-Petit (Marne)
Quéféléan Jean	S	Kernoas	13/09/15	Vienne-le-Château (Marne)
Queffurus Jean-Louis	SM	Bourg	11/08/17	Casablanca (Maroc)
Quéré François	SL	Bourg	21/08/14	Arsimont (Belgique)
Quéré Jean-Louis	S	Bourg	28/08/16	Estrées (Somme)
Ramonet Guillaume	S	Bourg	25/09/18	Vichy (Allier) (H)
Rohel François	S	Kererven	03/06/16	Chattancourt (Meuse)
Ropars Jean-Marie	Ca	Guernarc'hant	05/04/17	Cerisy (Somme)
Roudaut François	S	Kerdaniou	03/11/14	Bois de la Grurie
Roudaut Joseph	Ca	Kerdaniou	07/06/18	Rosières (H)
Roué Jean-Marie	S	Kervellic	11 /09/16	Villers-Bretonneux (Somme)
Roué Yves-Marie	S	Kervellic	12/09/14	St -Soupplets (Marne)
Salaün Henri-Félix	S	Bourg	03/04/15	Servon (Marne)
Savina Pierre	QM	Kergavarec	26/11/16	*Suffren*
Sculler Michel	S	Bourg	06/10/14	Maubeuge
Stéphan Jules	S	Bourg	13/11/14	El-Herri (Maroc)
Tanguy Jean-Louis	S	Lavallot	24/01/16	Ecurie (P. de C.)
Tartu François	S	Kerjaouen Vian	19/10/18	Herpy (Ardennes)
Tartu François	S	Bourg	01/10/17	Montigny-sur-Vesle (Marne)
Tartu Jean-Marie	S	Bourg	21/08/14	Arsimont (Belgique)
Thomas Frédéric	S	Bourg	15/06/16	Chattancourt (Meuse)
Toullec Guillaume	SM	Pouldu	09/05/15	Nieuport (Belgique)
Troadec François	S	Villeneuve	01/11/15	Tahure (Marne)
Uguen Jean-François	S	Kerintin	14/09/17	Ravin de la Couleuvre (Meuse)
Vienne Eugène-Michel	S	Moulin Blanc	04/04/18	Moreuil (Somme)
Vienne Germain	S	Moulin Blanc	12/10/18	Riom (H)
Vienne Pierre Jean	Ca	Moulin Blanc	06/12/15	Quennevières (Oise)
Vourc'h Guillaume	Se	Froutven	16/04/17	Ailles (Aisne)

Eucher Corre

Créateur du *Kannad Guipavas* et de *La Voix du Pays*

Eucher Corre avait vu le jour à Kernouès (Bas-Léon) le 6 juillet 1874. Il fit ses études secondaires au collège Saint-François de Lesneven. Au grand séminaire de Quimper, il tire profit du cours d'œuvres de l'abbé Teussier et le met en pratique à Saint-Ségal où, vicaire de 1899 à 1905, il crée un bulletin paroissial et une bibliothèque. A Landivisiau ensuite, ce dynamique vicaire se lance dans les mutuelles ; son rayonnement s'étend aux communes voisines. Prêtre « social », acquis aux idées du *Sillon*, c'est à Guipavas, entre 1909 et 1920, qu'il donne toute la mesure de son énergie : il est à proximité de Brest, ville qui a accueilli le premier congrès régional des cercles d'études, et du Relecq-Kerhuon, où son confrère François Madec (*Madec social*) s'emploie à organiser le mouvement ouvrier catholique. A Guipavas, l'infatigable vicaire crée en 1910 un bulletin paroissial sous le titre *Mouez an Eal* (*La Voix de l'Ange*) qui deviendra, en avril 1912, *Kannad Guipavas*. En parallèle à ce bulletin, Eucher Corre met en place, pendant la guerre de 14-18, un bulletin de liaison mensuel intitulé *La Voix du Pays,* dans lequel il publie les lettres des soldats et marins guipavasiens qui se trouvent sur différents théâtres de guerre. Ces lettres retracent le vécu des marins et des poilus, leurs souffrances dans les tranchées, la boue, le froid, les attaques à la baïonnette ou la perte des camarades. Tirée à 4 ou 500 exemplaires et agrémentée de dessins à la plume représentant des scènes de la vie quotidienne, *La Voix du Pays* était un bulletin de liaison très attendu par les combattants qui estimaient que rien ne les réconfortait mieux que toutes ces nouvelles des camarades et de la vie au pays.

Eucher Corre (1874-1940). Coll. part.

Ebranlé par la condamnation du *Sillon* en 1910 par Pie X, devant laquelle il s'incline par obéissance mais sans conviction, Eucher Corre met aussi, pendant la Première Guerre mondiale, sa puissance de travail au service du jeune Office central de Landerneau, dont il sera le secrétaire de rédaction jusqu'en 1925

En 1920, il est nommé recteur d'Henvic. Dans cette paroisse, ce « *bourreau de travail toujours pressé* » sec, austère, autoritaire et intransigeant, « *une âme de vieux saint celtique et de meneur de peuples* » (selon le portrait qu'en fit son ami René Cardaliaguet) imposera encore ses méthodes et mettra en place œuvres agricoles, syndicat d'électrification, cercles d'études, patronage, école catholique, JAC, etc.

Excellent bretonnant, proche des démocrates sociaux, notamment de Pierre Trémintin, Eucher Corre partage leur sentiment régionaliste et leur hostilité au mouvement autonomiste ; il n'est pas non plus favorable au *Bleun Brug* de l'abbé Perrot.

Ce prêtre progressiste est décédé à Henvic le 11 septembre 1940.

Source : Yvon Tranvouez (avec la collaboration de Mgr André Pailler).

Bibliographie sommaire sur la guerre 1914-1918

BD

Kris (scén.) + nombreux illustrateurs : ***Petites histoires de la Grande Guerre***, Kotoji Editions (2014).

Kris (scén.) ; Maël (ill.) : ***Notre mère la guerre***, 4 t., série achevée (2009-2012), Futuropolis.

Bresson, Pascal (scén.) ; Duval, Stéphane; Chouin, Lionel; Simon, J-L. (ill.), ***Jean-Corentin Carré, l'enfant soldat***, 3 t., série achevée (2014-2017) ; Paquet éditions.

Tardi, Jacques, ***C'était la guerre des tranchées*** (1982, rééd. 1993) ; ***Putain de guerre !*** (2010) ; ***Varlot soldat*** (avec D. Daeninckx), 1999, Casterman.

Cothias, Patrick (scén.) ; Ordas, Patrice ; Mounier, Alain (ill.) ; Bouët, Sébastien (couleurs), ***L'Ambulance 13***, (2010, 8 t., série en cours), Bamboo.

Hautière, Régis (scén.) ; Hardoc (ill., coul.) ; François, David (ill.), ***La Guerre des Lulus*** (2012,6 t., série en cours), Casterman.

Romans

Jünger, Ernst, *Orages d'acier* (1920).

Remarque, Erich Maria, ***À l'Ouest rien de nouveau*** (1929 + adaptation film Lewis Milestone, 1930).

Dorgelès, Roland, ***Les Croix de bois*** (1919 + adaptation film R. Bernard, 1931).

Genevoix, Maurice, ***Ceux de 14*** (1950 + adaptation série TV 2014).

Barbusse, Henri, ***Le Feu*** (1916).

Céline, Louis-Ferdinand, ***Voyage au bout de la nuit*** (1932).

Vercel, Roger, ***Capitaine Conan*** (1934 + adaptation film Bertrand Tavernier 1996).

Rouaud, Jean, ***Les Champs d'honneur*** (1990).

Lemaître, Pierre, ***Au revoir là-haut*** (2013 + adaptations BD, Christian De Metter 2015 et film, Albert Dupontel 2017).

Japrisot, Sébastien, ***Un long dimanche de fiançailles*** (1991 + adaptation film Jean-Pierre Jeunet 2004).

Dugain, Marc, ***La Chambre des officiers*** (1999 + adaptation film Dupeyron, François, 2001).

Rufin, Jean-Christophe, ***Le Collier rouge*** (2014 + adaptation film J. Becker, 2018).

E brezhoneg / en breton

Kervella, Goulc'han : ***Maro evid ar vro*** (Ar vro Bagan), Skol Vreizh (2004). ***Bro Leon 1914 ; ar Brezel pevarzek*** (2015). ***Distro Jarl eus ar brezel***, Skol Vreizh (2018).

Littérature de jeunesse

Du Bouchet, Paule, ***Le Journal d'Adèle***, Folio Junior (1995).

Edgar, Silène ; Beorn, Paul, ***14-18***, Castelmore (2014).

Morpurgo, Michael, ***Cheval de guerre*** (1982 + adaptation film St. Spielberg, 2012) ; ***Soldat Peaceful*** (2003).

Ténor, Arthur, ***Il s'appelait... le soldat inconnu*** (2014).

Films

Kubrick, Stanley, ***Les Sentiers de la gloire*** (1957).

Renoir, Jean, ***La Grande Illusion*** (1937).

Tavernier, Bertrand, ***La Vie et rien d'autre*** (1989).

Carion, Christian, ***Joyeux Noël*** (2005).